인터넷에 안 나오는
숨은 명산 지도첩
52

01	갈기산	27	샛등봉·신성봉
02	검봉산·봉화산	28	석룡산
03	관음산	29	선녀봉·불명산
04	구룡산·회봉산	30	성치산
05	구봉산·조비산	31	수원산
06	굴봉산·새덕산	32	시궁산
07	금주산	33	아미산·고양산
08	깃대봉·은두산	34	앵자봉
09	노고산	35	어답산
10	대룡산	36	연엽산·구절산
11	대성산	37	양자산
12	대학산	38	운무산
13	두류산	39	원통산
14	두악산	40	작성산
15	마차산	41	종자산
16	매화산	42	좌방산·소주봉
17	무갑산·관산	43	주론산
18	무제산	44	주발봉
19	미륵산	45	중미산
20	백마산	46	천등산
21	백화산	47	천보산
22	발교산·병무산	48	철마산
23	봉미산	49	청계산(양평)
24	봉화산(양구)	50	칠봉산
25	봉화산(홍천)	51	태기산·덕고산
26	삼성봉·산막이 옛길	52	환성산

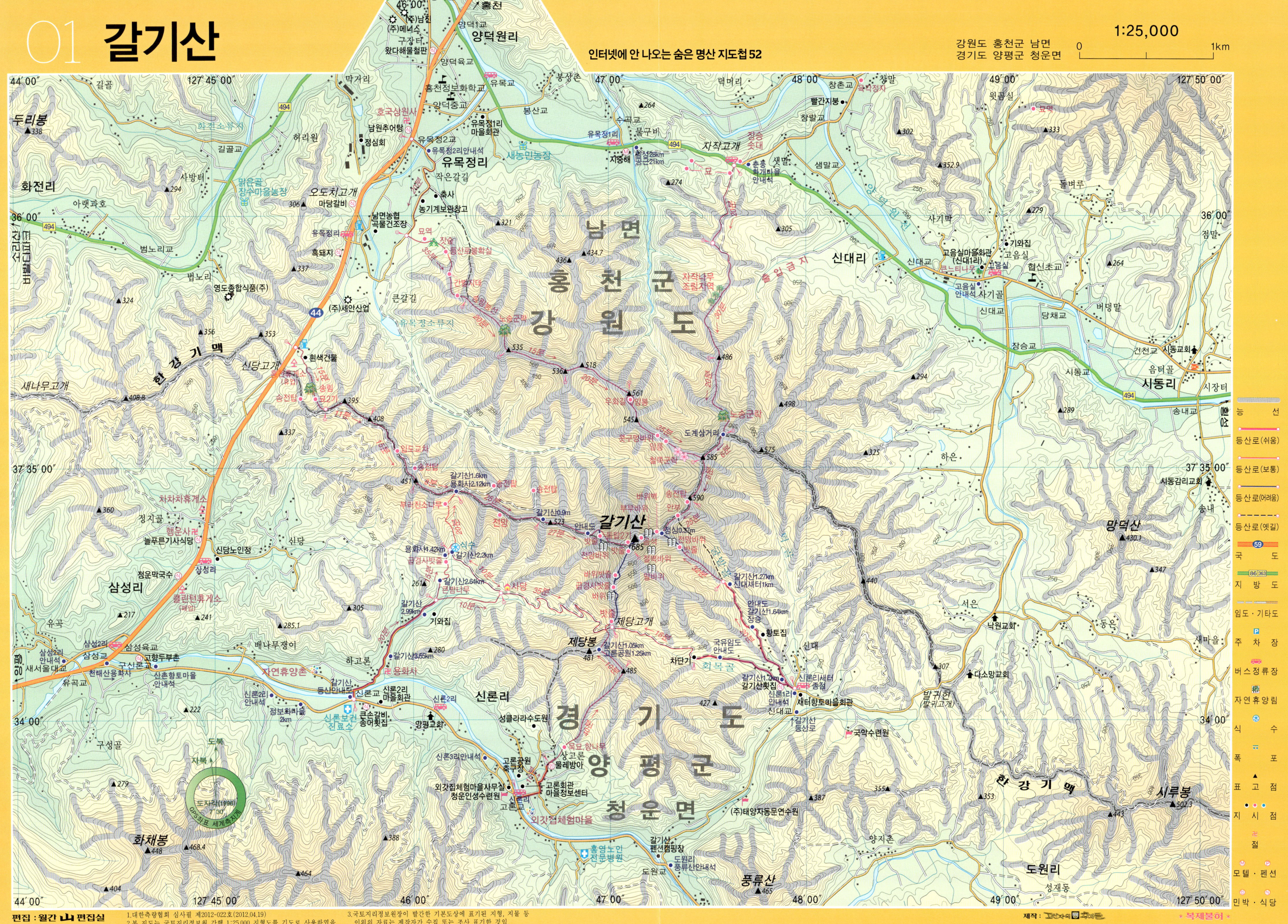

01 갈기산 葛基山

높이 685m
위치 경기도 양평군 청운면·강원도 홍천군 남면
매력 포인트 호젓한 바위산

기암괴석 보는 재미 쏠쏠… 갈기처럼 바위 솟은 능선

갈기산은 강원도 홍천과 경기도 양평 경계에 솟은 한강기맥의 명산이다. 한강기맥은 첩첩산중의 강원도 영서를 횡으로 가르는 힘의 산줄기이다.

백두대간 오대산 두로봉에서 갈라져 나와 서쪽으로 뻗어 경기도 양평 두물머리까지 이어지는 167km의 산줄기다. 이 산줄기가 강원도에서 경기도로 넘어가는 길목에 솟은 것이 갈기산이다.

갈기산의 옛 이름은 갈물악葛勿岳, 조선 말기에는 부동산不動山으로 불렸다고 전한다. 수도권에서 당일 산행 코스에 드는 갈기산은 겉으로 보기에는 육산으로 보인다. 그러나 산속으로 파고들면 의외로 기암괴석과 암릉지대와 마주치게 된다.

노송 어우러진 암릉과 전망바위 조망도 일품이다. 절벽바위, 말바위, 음석, 부부바위, 콧구멍바위 등 기암들을 구경하는 재미도 쏠쏠한 편이다.

수도권과 가깝고 대중교통편이 편리한 산은 등산인들 발길이 잦을 수밖에 없다. 전철역에서 곧바로 산행을 시작하는 산들이 그렇다. 양평군 관할에서는 청계산, 백운봉, 추읍산 등이 그렇다.

반면 용문산, 중원산, 도일봉, 소리산 등은 전철역에서 산행 기점까지 버스를 갈아타야 하는 번거로움이 따른다. 그럼에도 인기 산행지들이다. 갈기산도 전철역에서 시간에 맞춰 버스 한 번 갈아타면 쉽게 다녀올 수 있는 괜찮은 산이다.

갈기산 정상에는 정상 표지석 2개가 세워져 있다. 검은색 표지석은 2001년 양평군에서, 흰색 화강암 비석은 1996년 청운면 새마을지도자협의회에서 세운 것이다. 조망은 북서쪽으로 시원하게 경치가 드러난다.

산행은 양평과 홍천에서 각각 오르는 산길이 있다. 양평 청운면 신론리 기점은 원점회귀 산행에 알맞다. 굴밭골과 회목골에 산길과 임도가 있어 자연스런 원점회귀가 가능하다. 굴밭골과 부부바위 거쳐 정상까지 2.3km이며 2시간 정도 걸린다. 산행 중간 경치가 터지는 전망바위가 간간이 있어 지루하지 않다. 정상에서 제당고개로 내려선 후 회목골로 내려서는 데 3km이며 2시간 정도 걸린다. 다만 정상에서 제당고개 구간은 급경사 바윗길이라 주의해야 한다.

갈기산 남쪽에서 접근하는 산길은 상고론마을과 하고론마을로 나뉜다. 양평의 대표적인 농촌체험마을인 상고론마을에서 제당봉을 거쳐 정상에 오를 수 있으며, 4km 3시간 정도 걸린다. 제당봉에서 제당고개로 내려서는 급경사길에 주의를 요한다.

하고론마을에서는 계곡을 따라 산길이 이어진다. 한강기맥 주능선인 갈기산 서릉으로 올라서는 길과 제당고개로 가는 임도로 나뉜다. 서릉을 통해 정상까지 갈 경우 3.5km이며 2시간 30분 정도 걸린다. 서릉에도 시원한 경치를 볼 수 있는 전망바위가 있다.

기맥 주능선에 44번국도가 지나고 있어 신당고개에서도 산행 가능하다. 한강기맥 종주를 즐기는 산악인들은 반드시 거치는 곳이다. 신당고개에는 폐업한 주유소가 있어 종주꾼들의 주차 공간으로 쓰인다. 과거 설악산 방면 차량이 줄을 잇던 당시에 홍천휴게소가 있었으나, 경춘고속도로가 개통되며 통행량이 급격히 줄어 문을 닫았다. 정상까지 4km이며 2시간 30분 걸린다.

유목정리 방면은 등산로 이정표가 없어 길찾기가 관건이다. 초반에는 산길도 흐릿한 편이라 예민하게 지형을 읽어 산을 올라야 한다. 정상까지 5.2km이며 3시간 정도 걸린다.

1 정상 서릉의 전망바위에 오르면 일대가 시원하게 드러난다.
2 정상 서릉의 전망바위 아래로 용화사계곡이 내려다보인다.
3 콧구멍바위부터 시작되는 암릉지대. 소나무 뒤로 561m봉이 보인다.

교통

중앙선 용문역에서 용두리터미널행 버스가 하루 7회(06:40~17:55) 운행한다. 용두리터미널에서 신론리(새터종점)행 10-1번 버스(08:10~18:00)를 타야 한다. 하고론과 상고론을 거쳐 신론리 종점에서 회차해 용두리터미널로 돌아온다.

먹거리

양평해장국(지역번호 031) 양평해장국은 양평 특유의 해장국이 입소문을 타면서 전국적으로 알려진 별미다. 양평읍내에 해장국집이 여럿 있으며 식당마다 차이는 있지만 보통 사골을 푹 고은 국물에 우거지, 콩나물과 선지를 담아 끓인다. 양념 또한 마늘·고춧가루·파 등으로 다대기를 만들어 첨가한다. 양평읍내의 원조양평해장국(771-0815), 어무이맛양평해장국(771-7557), 단월면 양평단월해장국(774-5323) 등이 해장국 맛집으로 꼽힌다.

02 검봉산·봉화산

인터넷에 안 나오는 숨은 명산 지도첩 52

강원도 춘천시 서면·남산·남면

1:25,000

02 검봉산 劍峰山
봉화산 烽火山

높이 530m · 526m
위치 강원도 춘천시 남산면
매력 포인트 대중교통 이용도 편리한 수도권 당일 산행지

1 검봉산 강선봉 전망바위에서는 북한강과 강촌리 풍광이 한눈에 들어온다. 왼쪽은 삼악산, 멀리는 춘천 대룡산이다.
2 주차장에서 남동릉을 다 오른 정상.
3 배낭을 벗어야 겨우 통과되는 통천문.
4 검봉산에 가면 꼭 한번 가볼 문배마을 식당가. 닭 요리가 맛있다.

문배마을과 구곡폭포 사이에 있는 형제 같은 산

검봉산劍峰山(529.7m)은 '칼을 세워 놓은 듯 뾰족하게 생겼다'고 해서 검봉, 또는 칼봉이라고도 불린다. 특별하게 빼어난 산세를 가진 것은 아니지만 전철로 접근하기 편하고 굴봉산~육개봉~검봉산~봉화산으로 종주산행을 할 수 있다는 매력이 있다.

예전부터 검봉산은 젊은이들의 MT 장소로 인기 있는 강촌유원지와 더불어 유명했다. 여기에 구곡폭포와 문배마을을 엮은 관광명소가 보태지는 등산코스도 인기가 높아 사계절 등산인 및 관광객들 발길이 끊이지 않는다. 유명 관광지와 유명 등산로가 있으면 자연스레 동행하는 맛집들까지 가세되어 검봉산 일원은 '춘천시'라는 드라마 속 주인공 같은 존재로 군림하고 있다.

검봉산 일원은 무엇보다도 대중교통편이 매우 편하다는 이점이 있다. 서울 상봉역에서 춘천행 전철을 타고 1시간 10분이면 강촌역에 닿고, 강촌역에서 구곡폭포 사이는 시내버스가 수시로 운행되어 등산 후 귀로 걱정이 없는 곳이다.

검봉산 등산로는 강촌역 북쪽 구 강촌역 방면 강선사에서 강선봉 북동릉 통천문(일명 통천문길)~강선사 갈림길 안부~강선봉 남동릉~강선봉, 강선사~강선봉 남동릉~강선봉, 강촌역 앞길 건너 남일막국수~강선봉 남동릉 경유 검봉산 북동릉으로 향하는 코스들이 많이 이용된다.

강선사 쪽에서 시작하는 코스는 구 강촌역과 신강촌역 사이 도로에서 '강촌1번지 닭갈비식당' 옆으로 난 길로 들어가 강선사 왼쪽으로 난 등산로를 이용하면 된다. 이 코스는 정상까지 시종일관 오르막길이 계속되므로 초보자나 노약자라면 구곡폭포 주차장에서 출발하는 것이 낫다.

강촌리에서 구곡폭포 방면 구구리계곡에서는 검봉산 칡국수식당~검봉산 북동릉 6지점, 구곡폭포 주차장~검봉산 정상 남동릉, 구곡폭포 주차장~구곡폭포 입구(도토리 쉼터)~서낭고개~검봉산 남릉(또는 문배마을~새골고개~검봉산 남릉) 경유 검봉산 정상에 오르는 코스들이 많이 이용된다.

봉화산烽火山(525.8m)은 강촌역 동쪽 강촌 제4교(철교) 밑 403번 지방도로변에서 정상 북동릉으로 오르는 코스가 가장 많이 이용된다. 구곡폭포 주차장에서는 남쪽 방향인 봉화산매표소 옆을 지나는 길로 전신주 계곡이나 진달래 능선(486.3m봉 북릉), 또는 무궁화동산 앞을 지나는 임도~임도 삼거리 문배마을 갈림길~486.3m봉 북릉(또는 북창고개)을 경유해 봉화산 정상으로 이어지는 길이 이용되고 있다. 하지만 이 코스들은 주로 강촌역에서 북동릉 경유 정상에 오른 경우 하산 길로 더 많이 이용된다.

검봉산 남서쪽 백양리에서 새골 방면에서는 새골고개에 오른 다음, 검봉이나 봉화산으로 이어지는 등산로가 대표적이다. 검봉산 북서쪽 백양리 엘리시안 강촌스키장 방면에서는 스키장 주차장에서 검봉산 정상 북서릉, 또는 스키장 주차장 남쪽 강촌 국민의 숲 수목관찰원 계곡~검봉산 남릉 경유 검봉산이나 봉화산으로 이어지는 등산로가 있다.

교통
자가용으로는 서울춘천고속도로를 타고 강촌나들목에서 내려 춘천·강촌 방면으로 좌회전 후 우회전해서 직진하다가 창촌교 지나 좌회전해 직진하면 강촌유원지로 간다.
대중교통으로는 청량리역에서 경춘선 ITX 열차를 이용해 강촌역으로 가는 것이 편하다. 강촌역까지 51분 소요. 주말과, 공휴일에는 용산역에서도 ITX 열차를 이용할 수 있다. 소요시간 1시간 4분. 일반 전철은 중앙선 상봉역이나 망우역에서 경춘선으로 갈아타면 된다. 버스는 동서울터미널에서 춘천 가는 버스를 타면 강촌정류소에서 내릴 수 있다.

볼거리
문배마을 해발 420m에 위치한 문배마을은 움푹 팬 그릇에 담긴 형세라 임진왜란 때부터 난을 피해 사람들이 들어와 살았다고 전해진다. 또한 한국전쟁 당시에는 남침한 인민군들도 마을을 발견하지 못하고 그냥 지나칠 정도로 오지였다.
옛날엔 오솔길에 몇몇 초가집만 있던 마을이었는데, 등산객을 상대로 두부나 산채비빔밥 같은 음식을 팔기 시작해 현재는 10여 곳의 식당이 들어서 있다. 강선사 쪽에서 올라오면 검봉산 정상을 지나 문배마을에서 늦은 점심을 먹으면 적당하다. 토종닭, 촌두부, 도토리묵, 산채비빔밥 등을 낸다.

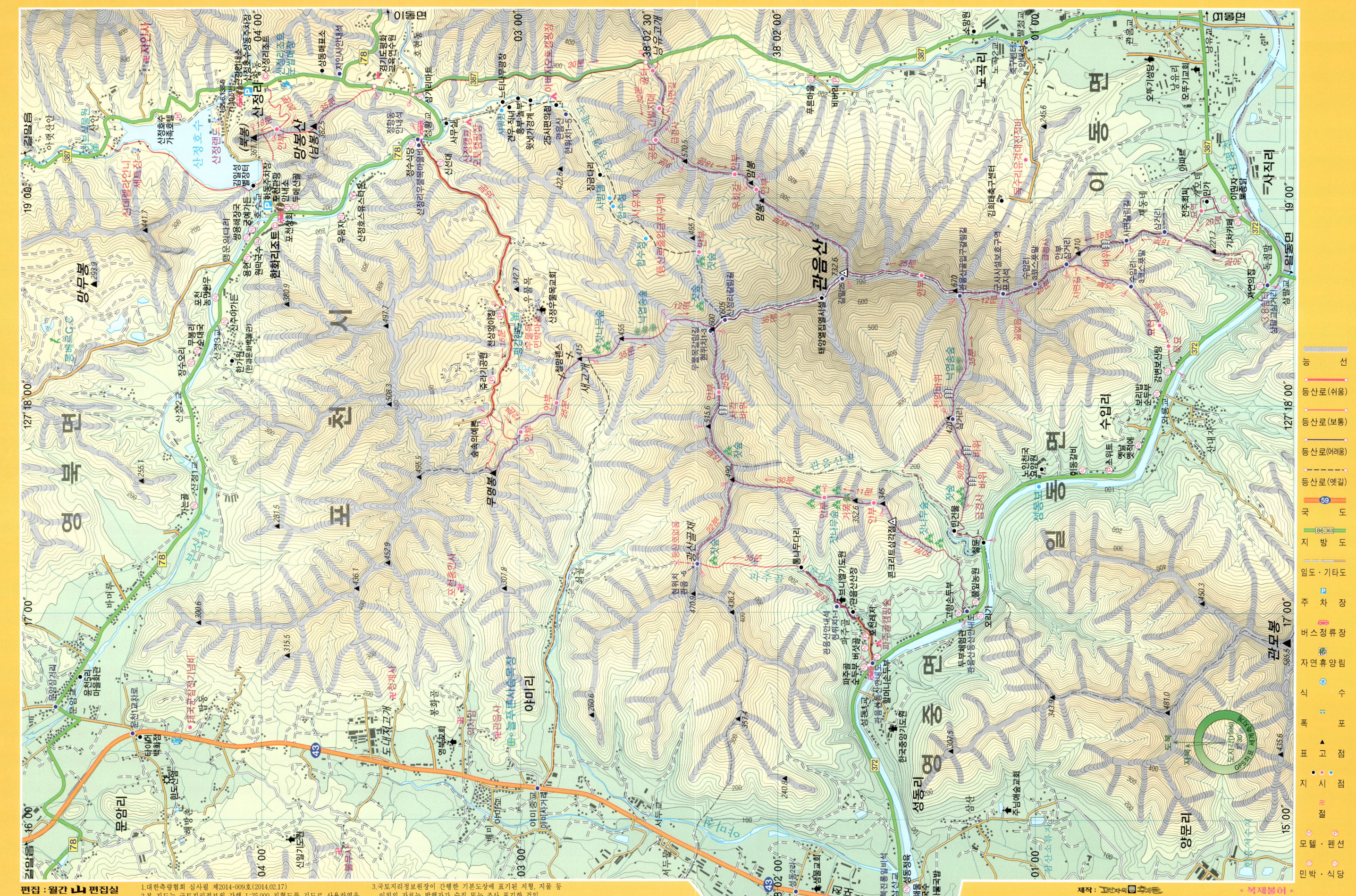

03 관음산 觀音山

높이 733m
위치 경기도 포천시 영북면·영중면
매력 포인트 등산로 곳곳 잣나무 숲

하산길 손두부 맛집으로 유명세…우거진 잣나무숲도 일품

관음산은 1980년대 초, 손두부 때문에 알려지기 시작한 산이라 해도 과언이 아니다. 당시 파주골 입구 오른쪽에는 손두부를 막걸리 안주로 내놓는 구멍가게가 있었다. 이 구멍가게는 등산코스로 본격적인 인기를 타기 시작했던 산정호수와 명성산, 백운산, 박달봉, 각흘산 등을 등산하고 귀경길에 들러 막걸리 한 잔 하는 곳으로 등산인들에게 알려지기 시작하였다.

이때 막걸리 안주로 나온 것이 맛 좋기로 소문 난 손두부였다. 당시 구멍가게에서 손두부를 손수 만들었던 분은 김보배 할머니였다. 이때부터 손두부를 파는 구멍가게를 기점으로 등산을 하거나 이곳으로 하산하는 관음산 등산코스가 인기를 얻기 시작했다. 이 구멍가게는 그 이후 장사가 잘되어 새 건물도 짓고 '할머니 손두부'라는 간판을 걸고 30년 넘게 계속 영업 중이다.

관음산은 마주보고 있는 명성산보다 더 유명하지는 않다. 명성산은 산 아래에 포천 제1관광명소로 일컫는 산정호수를 끼고 있으며, 산자락 서쪽은 아름다운 바위벼랑, 동쪽은 가을 명소로 유명한 억새밭을 자랑한다.

여기에 반하여 관음산은 산세가 육산인 데다 내로라 할 만한 바위나 절경지대가 없다. 그러나 육산이라고 깔볼 것은 없다. 북으로 마주보는 명성산뿐만 아니라 동으로는 제비울 들판 건너로 이동면 한북정맥 최고봉인 국망봉, 남으로는 일동면 수입리 분지 건너 운악산과 금주산, 서쪽으로는 관모봉, 불무산 등에 에워싸여 제법 첩첩산중에 들어선 기분이 나는 산이다. 따라서 정상에서 사방으로 펼쳐지는 산자락들을 마주보는 조망도 일품이다. 또한 등산로와 능선 곳곳에 우거진 잣나무숲도 일품이다.

관음산은 바위지대가 드문 산이다. 그래서 위험한 등산로는 없다. 중요한 기점마다 안내 푯말이 길 안내를 잘 해주고 있다. 따라서 남녀노소 구별 없이 가족산행이나 직장 등 단체산행코스로 적합하다. 여기에 등산기점마다 손두부 전문 식당 외에 괜찮은 식당들이 자리해 귀경 길 요기를 해결하는 재미도 따른다.

관음산은 영중면 영평천변인 성동리 방면에서 가장 많이 오르내린다. 이 방면에서는 파주골~광산골재~490m봉~600m봉 서릉~정상 북릉, 순두부체험관~490m봉 남서릉~600m봉 서릉~정상 북릉 경유 정상 코스가 대표적이다.

교통

주요 들날머리인 산정호수와 38교정거장에 버스가 운행하고 있어 대중교통으로도 접근이 나쁘지 않다. 산정호수로 가는 직행버스로는 도봉산역에서 출발하는 1386번 버스가 있다. 또한 38교정거장과 의정부역을 오가는 138-5번 버스는 05:00~21:30까지 배차간격 약 20~40분을 두고 수시로 운행하고 있다.

볼거리

평강랜드 1997년 자연환경 보호를 통한 생명존중과 환경보전 의식함양을 위해 조성된 평강식물원을 기원으로 하는 종합 엔터테인먼트 공간이다. 현재 평강랜드는 13개 테마 정원, 국내 최초 암석원을 보유한 평강식물원과 북유럽풍 아이들 놀이터 어드벤처 파크, 20개 이상의 객실을 보유한 이노수피아 리조트, 전시와 교육이 함께하는 평강 뮤지엄을 운영하고 있다.

1 345m봉을 지난 안부에서 관음산골 건너로 본 관음산 북릉. 정상은 가장 높게 보이는 봉우리(태양열 집열시설 있는 곳)에 가려 보이지 않는다.
2 봄기운에 겨울이 녹고 있는 관음산 정상은 사방으로 펼쳐지는 조망이 일품이다.
3 망봉산 북봉 정상에서 남으로 본 관음산.

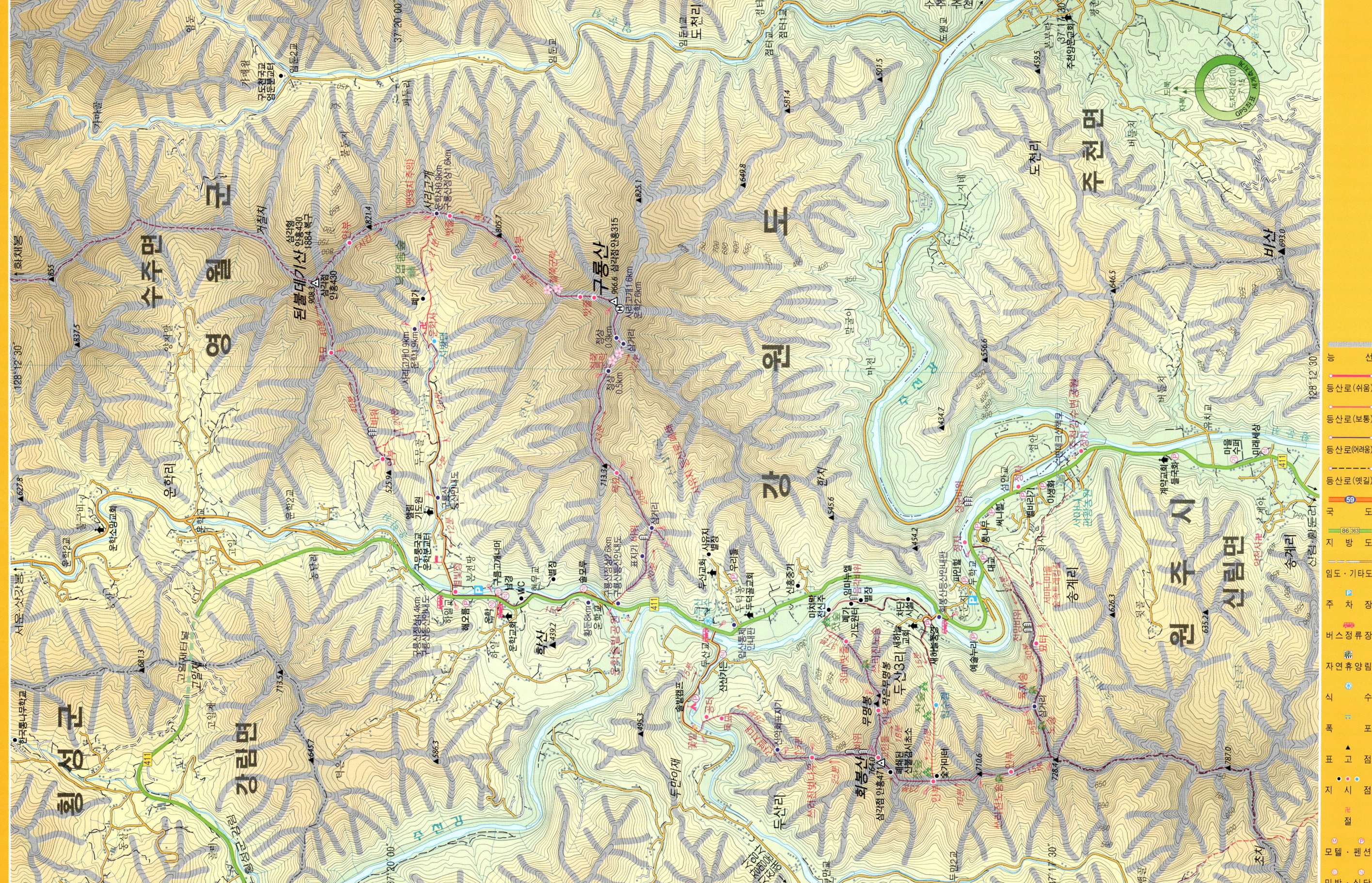

04 구룡산 九龍山
회봉산 回峰山

높이 967m, 764m
위치 강원도 영월군 무릉도원면
매력 포인트 주천강 계곡

휘돌아나가는 강물과 깊은 산세의 절묘한 조화

영월의 대표 산, 사자산에서 백덕지맥을 이탈해 남서쪽으로 가지 치는 능선이 있다. 이 능선이 화채봉~된불데기산을 지나 주천강변에 이르러 빚어 놓은 산이 구룡산이다.

구룡산이 지맥을 이탈해 달려 나간 이유가 굽이굽이 도는 주천강을 만나기 위함이라고 보일 정도로 주천강과 어우러진 풍광이 매우 빼어나다. 태기산에서 발원한 주천강은 영월지맥과 백덕지맥 사이 남서쪽으로 패어 내린 횡성군 둔내~안흥~강림으로 흘러내린다. 이 강물은 강림에서 방향을 틀어 남동쪽 영월군 수주면으로 들어선 다음, 주천~서면을 경유해 영월에 이르러 동강에 합류한다. 횡성군 강림면에서 영월군 수주면으로 들어오는 길목에서 주천강물을 맞이하는 산이 구룡산이다.

이 지역은 영월군 내에서 가장 서쪽에 자리 잡고 있어 오히려 원주시에서 더 가깝다. 따라서 서울 근교에서 대중교통으로 접근할 경우에는 영월이 아닌 원주로 가는 것이 좋다. 여름이면 원주지역 산악회들은 아침에 구룡산 산행을 가볍게 즐긴 후, 볕이 따가워지는 한낮에는 아래 주천강에서 물놀이를 즐기곤 한다.

구룡산 등산로는 단순명징하다. 운학리 운학천변 들목인 운학교, 그리고 운학교에서 1.5km 북쪽에 위치한 하일교를 들날머리로 삼는 종주 산행이 일반적이다. 가장 많이 이용하는 코스는 운학교에서 713.3m봉~정상 서릉으로 오르는 코스다.

주의할 점은 두 가지다. 첫 번째는 포털 사이트 지도다. 포털 사이트 지도에는 두산약수터가 있는 두산교 방면의 큰신밭골 길을 등산로로 제시하고 있지만, 이는 최근 사유지가 들어서면서 폐쇄됐다. 두 번째는 운학교다. 영월군 무릉도원면 운학리 920-2에 있는 운학교가 들머리인데, 운학교를 검색하면 영월군 무릉도원면 운학리 630-2의 운학교를 먼저 보여 주는 경우가 왕왕 있다. 이 두 가지를 주의하고 들머리만 잘 찾으면 산행은 어렵지 않다. 선객의 발걸음으로 등산로가 잘 다져진 편이기 때문이다.

20여 평 넓이 헬기장인 정상에서는 북동쪽 백덕산 장면 조망은 나뭇가지에 가려지지만, 서쪽으로 흰칠한 치악산 정상과 매화산이 조망된다. 또한 봄이면 정상부 능선 상에서 만개하는 철쭉군락도 볼 만 하다.

교통
오지답게 교통이 매우 불편한 편이다. 원주버스터미널에서 원주중앙시장 방향으로 이동한 후, 운학리 방향 24번 버스가 운행하고 있지만, 하루에 단 3회밖에 운행하지 않아 이용하려면 시간을 사전에 정확히 파악해야 한다. 통상적으로는 비교적 버스 운행이 많은 신림정류소까지 버스를 타고, 여기서 택시로 갈아타서 들머리로 이동한다.

볼거리
서운노송공원 무릉도원면 운학리마을의 가장 깊숙한 곳에 위치한 작은 공원으로, 사람들에게는 거의 알려지지 않은 곳이다. 공원이지만 실제로는 동네 주민들의 작은 쉼터 같은 곳이다.
그러나 소나무 애호가 사이에선 제법 인지도가 있다. 수령 700년의 노송 한 그루가 몹시 아름답고 빼어난 자태로 서 있기 때문이다. 전국적으로 700년 이상 소나무는 더러 있지만, 이처럼 대쪽 같은 기개로 곧게 솟은 나무는 보기 드물다.

1 회봉산 728.4m봉 동릉 암릉 전망바위에서 북동쪽 주천강 건너로 본 구룡산 정상(오른쪽).
2 한가로운 주천강에선 물놀이를 즐기기 좋다.
3 주천강 방면으로 본 회봉산 정상(오른쪽에서 두 번째 봉). 정상 왼쪽 능선은 정상 동릉, 정상 오른쪽은 북릉이다.
4 하일교 옆에서 운학천 건너로 본 두무골과 사리고개. 사리고개 왼쪽은 된불데기산, 오른쪽은 구룡산이다.

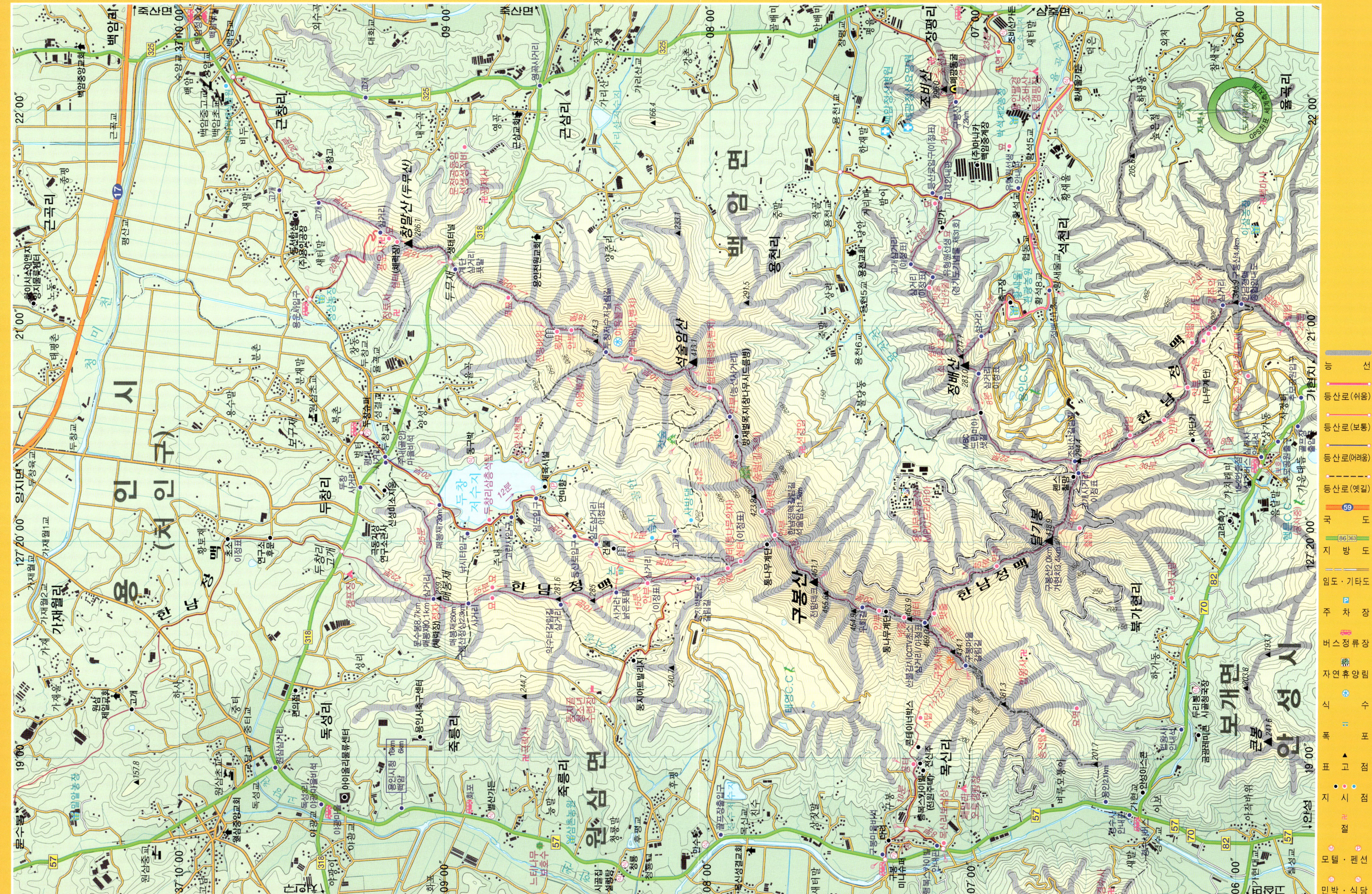

05 구봉산 九峰山
조비산 鳥飛山

높이 461m, 296m
위치 경기도 용인시 처인구 원삼면·백암면, 안성시 보개면
매력 포인트 훼손 안된 숲

버스 타고 가족과 함께… 바로 옆 조비산은 암장으로 유명

전국에는 구봉산이 여러 개 있다. 가장 높고 유명하기로는 전북 진안의 구봉산(1,002m)이고, 경기도 용인의 구봉산은 두 번째로 높다. 같은 이름의 산이 많다는 것은 그만큼 편안하게 오갈 수 있는 뒷산과도 같다는 얘기다.

용인시 남동쪽 귀퉁이에서 안성시에 걸쳐 있는 구봉산도 그런 곳이다. 동네 사람들이 고사리를 뜯고 나물을 캐는 산이지만 높은 산이 드문 용인에서는 제법 키가 크기 때문에 훼손되지 않은 숲을 간직하고 있는데다가 정상으로 이르는 능선엔 소나무가 우거져 있어 삼림욕장으로 제격이다. 운이 나쁘면(?) 한 두 팀을 만날 정도로 호젓한 곳이라 조용히 산행을 하면서 마음속 상념을 떨쳐버리거나 가족과 함께 가볍게 오르기에도 부담 없는 곳이다.

용인시를 관통하는 한남정맥 중 남동쪽 끄트머리에 자리한 구봉산은 주능선이 용인시 처인구 원삼면과 백암면, 그리고 안성시 보개면의 경계를 이룬다. 용인시 일원은 대부분 평야지대로 해발 200~300m 높이의 고만고만한 야산들이 키재기 하는 형국이다.

구봉산이라는 이름은 정상 서쪽 원삼면 목신리 구봉마을과 관련 있다. 마을에서 산 줄기가 정확하게 봉우리 아홉 개가 연이어져 보이기 때문에 구봉산으로 불리게 되었다는 것이다. 산세는 부드러운 육산土山이다. 여기에다 대중교통편으로 수도권에서 1시간이면 닿을 수 있는 거리이기 때문에 누구나 가볍게 다녀올 수 있다.

등산코스는 정상을 중심으로 북쪽에서는 318번 지방도로가 지나는 원삼면 두창리에서 두창리고개~정상 북릉인 한남정맥, 두창슈퍼~두창저수지~한남정맥, 북동에서는 백암면 근창리 용운사~두무재~석술암산, 정상 남동쪽에서는 백암면 장평리 조비산~정배산~한남정맥 달기봉~산불감시봉, 정상 남쪽에서는 안성시 보개면 북가현리 15-2번 버스종점인 가치래미에서 조비산 갈림길~달기봉~산불감시봉 경유 정상을 오르는 코스가 대표적이다. 정상 남서쪽에서는 원삼면 목신리 구봉마을에서 행복스카이빌 전원마을~구봉사 터~산불감시봉 남서릉~산불감시봉 경유 정상에 오른다.

구봉산 동쪽 조비산(294m)은 암벽등반 훈련장으로 유명하다. 암장은 폭 150여 m에 높이 70m 규모로 1983년 이 지역 클라이머들이 개척해 등반을 즐기던 곳이다. 암장 하단부 동굴은 옛날 광산 갱구坑口였던 곳이다. 남향인 암장은 종일 햇볕이 들어 겨울에도 등반이 가능하고, 여름에는 동굴 속이 자연 에어컨 역할을 해줘 더위를 잊게 한다. 5.10~5.14의 다양한 난이도의 루트가 약 40개나 개척돼 있어 초중급에서 고수급 클라이머들까지 즐길 수 있는 대중적인 암장이다. 조비산은 바위지대가 귀한 용인지역에서 유일한 암봉을 이뤘기 때문인지 용인 8경 중 '제5경' 이라는 타이틀을 거머쥐고 있다.

조비산은 조선 태조와 얽힌 얘기가 전하는 산이기도 하다. 조선 초기 태조가 도읍을 서울로 옮길 때 지금의 삼각산 자리에 산이 없자 보기 좋은 산을 옮겨 놓는 사람에게 상賞을 내린다고 했다. 이 이야기를 듣고 한 장수가 조비산을 서울로 옮겨가던 도중 이미 누군가가 삼각산을 옮겨 놓았다는 소식을 듣고 화가 나 지금의 장소에 내려놓았다. 이 이야기를 전해 들은 조정에서는 불경한 산이라 하여 역적산이라는 이름에 이어 '조페산'이라는 이름을 하나 더 내려 주었다는 전설도 전해진다.

교통

서울→용인 동서울터미널(2호선 강변역) 동쪽 맞은편 북단 테크노마트 버스 환승장에서 5600번과 5700번 광역버스 이용. **강남역(전철 2호선)→용인** 5002번 광역버스 10~15분 간격 운행.
용인→백암 양지 경유 10번 시내버스가 10분 간격(06:40~22:40)으로 운행. 40분 소요.

볼거리

반계 유형원 선생 묘 용인시 백암면 석천리 정배산 남쪽에 있다. 유형원은 조선 후기 실학파의 시조이며 사회의 폐단을 바로잡고자 힘쓴 개혁가였다. 〈반계수록〉이 대표 저작. 효종 5년(1654) 진사에 급제한 후 수차례 벼슬에 추천됐으나 벼슬길에 오르지 않았다. 유형원의 아버지 유흠柳欽(1596~1623)이 광해군을 복위하려 했다는 무고를 입어 역적으로 몰려 비참하게 죽음을 당한 이후 정치에 염증을 느꼈기 때문이라 한다. 말년에는 거처를 전라도 부안으로 옮겨 농촌사회의 현실을 체험하고, 그 체험을 바탕으로 학문연구와 저술 및 제자 양성에 몰두했다.

1 구봉산 정상 비석. 서쪽 원삼면 목신리 구봉마을 분지 건너로 쌍령산(503m)이 보인다.
2 남향인 조비산 암장. 암장 꼭대기가 조비산 정상이다.
3 옛날 두창리 들목 이정표 역할을 했다는 삼층석탑. 석탑 뒤 흰 건물은 낚시터 관리사무실이다.

06 굴봉산 屈峰山
새덕산 塞德山

높이 394m, 488m
위치 강원도 춘천시 남산면·남면
매력 포인트 경춘선 낭만, 북한강 조망

춘천 가는 기차 타면~ 굴봉산역에 닿지요

굴봉산은 경춘선 전동열차가 정차하는 굴봉산역이 생긴 이후 갑자기 유명해진 산이다. 굴봉산역이 생기기 전에는 무명이나 다름없었으나 역 이름이 되면서 유명해졌다. 하지만 유명세를 들여다보면 굴봉산이 가진 매력도 한몫 한다.

굴봉산 정상 부근은 바위가 많은데, 단단하고 깨끗한 수성암질이 특징이다. 여기에 산 이름을 낳게 한 이심이굴, 우물굴, 쌍굴 등이 이 산의 진가를 더욱 높이고 있다. 여기에 정상에서 시원하게 터지는 조망도 범상치 않아, 스트레스를 시원한 경치에 실어보내기 제격이다.

새덕산은 굴봉산이 떠오르며 예전에 비해 다소 인기가 떨어진 산이다. 그도 그럴 것이, 이 산은 전체적으로 육산에다 굴봉산과 달리 산중에 특별한 볼거리가 없다. 그러나 춘천지맥에 속해 있어 지맥 종주를 즐기는 등산인들에게는 종주 코스로 인기를 누리고 있다. 주능선에서 조망되는 남이섬과 북한강 풍광도 일품이다.

아쉬운 것은 춘천시가 굴봉산~육개봉~검봉산~봉화산 등에는 중요 기점마다 이정표와 안내푯말을 설치했으나 새덕산에는 이정표가 없다는 점. 등산 동호인들이 수작업으로 코팅하여 만든 이정표와 어느 산악회에서 세운 정상 표지석이 있다. 지맥의 이름 있는 산에 정상 표지석이 없는 것이 안타까워 산악회원들이 십시일반하여 직접 만든 것이다.

산행은 새덕산과 굴봉산 모두 굴봉산역에서 시작하는 것이 일반적이다. 굴봉산역을 경계로 북쪽은 서천리, 남쪽은 백양리로 구분된다. 굴봉산은 서천리 남산초교 서천분교 앞에서 북서릉을 따라 오르는 코스가 인기 있다. 경사도가 완만하고, 굴봉산역에서 접근이 쉽다.

굴봉산 북서릉은 정상 북쪽 전망바위 아래까지는 대체적으로 육산이며, 경치도 드문드문 드러난다. 284m봉을 지나면 바윗길이다. 굴봉산역에서 북서릉을 따라 정상까지 3km이며 2시간 정도 걸린다.

도치골을 따라서 정상에 오르는 코스도 있다. 정상 부근에는 절벽 위로 구멍 두 개가 뚫린 쌍굴이 있다. 굴봉산역에서 도치골을 거쳐 정상까지 2.8km이며 2시간 정도 걸린다. 굴봉산 정상에 서면 건너편 남서쪽으로 새덕산 정상이 보인다.

굴봉산 정상에서 능선을 따라 남동쪽으로 종주하면 육개봉 지나 검봉산에 닿는다. 그러나 굴봉산 정상 동쪽에 자리잡은 골프장으로 인해 능선길이 사라졌다. 때문에 우회하여 도치골 삼거리로 내려선 후 계곡을 따라 능선에 올라서야 한다. 검봉산까지 6km이며 3시간 30분 정도 걸린다.

새덕산은 굴봉산역을 나와 서천분교 운동장을 가로질러 농가를 지나면 능선길(북동릉)을 따라 오를 수 있다. 급경사 능선을 따라 378m봉 지나 정상까지 7km이며 3시간 정도 걸린다.

문의골을 따라 새덕산을 오르는 코스도 있다. 문의골 입구부터 고개 꼭대기까지 임도를 어느 정도 따르게 된다. 문의고개에서 비교적 완만한 능선을 따라 오르면 정상에 닿는다. 굴봉산역에서 문의골을 거쳐 정상까지 6.5km이며 3시간 정도 걸린다.

굴봉산역에서 사서천으로 난 포장도로를 따라 백양리에서 임도를 거쳐 한치고개에 이른 후 능선을 타고 북쪽으로 종주해 새덕산 정상에 이르는 코스도 있다. 굴봉산역에서 정상까지 12km이며 4시간 30분 정도 걸린다.

한치고개를 경계로 북쪽은 춘천시 남산면 백양리, 남쪽은 남면 가정리柯亭里다. 춘천은 구한 말인 1896년 습재習齋 이소응을 대장으로 의병활동이 시작된 곳이다. 또한 가정리는 이소응 대장과 함께 의병항쟁의 선구적 지도자로 활약했던 의암 류인석 선생이 태어난 곳이다. 때문에 가정리에는 의암 선생을 기리는 '의암 류인석 선생 유적지'가 조성되어 있다.

새덕산 정상에서는 북쪽 방면으로만 조망이 가능하다. 나머지 방향은 잡목들로 에워싸여 경치가 없다. 다만 정상에서 북서릉으로 20m 정도 가면 조망장소가 나온다. 과거 6·25 때 교통호가 있던 곳이다. 서면 대금산, 연인산, 명지산, 석룡산, 화악산, 북배산, 용화산, 삼악산 등이 광활하게 펼쳐진다.

1 굴봉산 능선에서 내려다본 굴봉산역과 골프장이 된 맞은편의 영태산.
2 새덕산의 잣나무숲.

교통

서울 상봉역에서 굴봉산역을 거쳐 춘천으로 가는 경춘선 열차가 매일 20~30분 간격으로 운행한다. 1시간 정도 걸린다. 남면 가정리 버스종점에서 강촌역행 버스가 하루 4회 운행한다. 자가용 이용시 46번국도 경춘로를 따르다 경강교차로에서 '강서천리' 방향으로 들어서면 굴봉산역에 닿는다.

볼거리

의암 류인석 기념관 의암毅菴 류인석(1842~1915) 선생은 을미의병의 주력군이었던 호좌창의진湖左倡義陣을 이끈 독립운동의 주역이다. 호좌창의진은 1896년 2~5월 사이 충북 제천에서 단양군수와 청풍군수를 참형에 처하고, 이어 충주성을 점령하고 관찰사 김규식을 처단했으나 관군과 일본군의 협공으로 충주성과 제천 남산성에서 패퇴하기도 했다. 이후 의병진의 결의를 선포하여 의암 선생의 깃발 아래에 전국에서 의병들이 구름처럼 모여들었다.
의암 선생 묘소 입구 왼쪽 의암기념관에는 유품 82점, 서책류 24점, 간찰과 상소문 19점, 유묵진본 4점, 인장벼루 4점, 무기류 3점, 깃발과 의류 28점 등이 전시되어 있다.
강원도 기념물 제74호.

07 금주산 金珠山

높이 568m
위치 경기도 포천시 영중면
매력 포인트 아기자기한 산세

'포천 3걸' 기개 어려…산세 아담하나 암릉지대 전망 탁월

금주산은 산세가 아담하고 산길이 비교적 짧아 초보자들에게 인기가 있으며, 가족이 당일 산행지로 선택하기 알맞은 산이다. 산기슭에는 금룡사와 청학동계곡 등이 있으며, 산 정상에 서면 북쪽으로 명성산, 광덕산, 백운산, 국망봉, 화악산, 명지산, 운악산 등이 마치 부챗살을 펼친 듯 조망된다. 서쪽으로는 종현산과 소요산, 왕방산 등이 보인다.

황금을 뜻하는 금金자와 구슬 및 보석을 뜻하는 주珠자를 쓰는 산 이름이 말해 주듯이 이 산에서는 옛날 금이 많이 났다고 전해진다. 1980년대까지만 해도 사금을 채취하였다는 산자락에서는 일제시대부터 금을 캐는 금광과 제련을 하던 광산촌이 자리 잡아 일찌감치 전기가 들어왔다고 한다. 또 지역에는 금주산에 아홉 덩이의 금이 묻혀 있으며, 아들을 아홉 둔 사람만이 그 금을 캘 수 있다는 전설이 전해 내려온다고 한다.

금주산 정상 남쪽 길명리 산자락에는 조선 전기 4대 서예가이자 시와 문장에 능했던 양사언楊士彦(1517~1584)의 묘와 사당이 있다. 양사언은 그의 동생 양사준, 양사기와 함께 '포천의 3걸'로 불렸다. 양사언은 그 유명한 '태산이 높다 하되 하늘 아래 뫼이로다/오르고 또 오르면 못 오르리 없건마는/사람이 제 아니 오르고 뫼만 높다 하더라'를 지은 인물이다. 40여 년의 관직생활 동안 따로 가솔들을 위해 재산을 모으지 않았으며, 청렴하고 검소한 생활을 해 뭇 귀감이 됐다.

금주산은 38선이 지나는 산이다. 따라서 6·25 때 격전지였고, 그런 만큼 지금도 능선 곳곳에는 6·25 때의 참호와 교통호들이 자주 눈에 들어온다.

금주산 등산코스는 주능선을 경계로 43번국도 방면인 서쪽이 가장 많이 이용되고 있다. 북쪽은 서쪽에서 동쪽으로 가로지르는 영평천이 가로막힌 탓인지 정식 등산로가 전무하다. 북서쪽으로는 과거 유명 온천이던 일동사이판으로 연결되는 등산로 한 곳뿐이다. 동쪽과 남쪽은 전방지역인 만큼 그에 따르는 출입금지구역이 많은 탓에 정식 등산로가 없다.

주능선 남서쪽에 해당되는 금주산 정상은 37번 옛날 국도변인 금주 4리에서 금룡사, 또는 451m봉 능선 경유 정상에 이르는 코스가 대표적이다. 과거에는 최단코스를 따라 금주산에 오른 뒤, 능선을 즐기며 일동사이판으로 하산해 온천을 즐기는 경우가 많았지만, 일동사이판이 폐업한 현재는 이 코스의 인기가 급격히 줄었다.

금주산만 오르는 코스는 워낙 짧기 때문에 조금 더 긴 산행을 즐기기 위해 들머리를 북쪽 능선으로 잡는 경우도 많다. 가까이는 구리가 많이 채굴됐다는 동광능선을 따라 곰냄이봉을 지나 금주산으로 향하는 것부터 풍월산부터 관모봉을 지나 능선을 종주하는 것까지 주력에 따라 고르면 된다.

교통

도심에서 멀리 떨어져 있지만, 산정호수로 향하는 버스 노선이 금주리정류장을 경유하는 경우가 많아 대중교통편이 좋은 편이다. 포천시청앞 정류장에서 금주리정류장까지 138-5, 66-1, 11, 11-1, 12, 55-2, 60-1, 60-2번 등 다양한 버스들이 수시로 운행하고 있다. 특히 서울에서 출발할 경우에는 의정부역에서 출발하는 138-5번 버스를 타면 한 번에 갈 수 있어 좋다.

볼거리

금룡사 금룡사金龍寺는 옛날 금학사가 있던 자리에 1970년 새로 지은 절이다. 협곡 안 가파른 절벽에 건물을 지탱하는 기둥들을 세우고 그 위에 대웅전을 건립했다. 경내에는 지장보살 만불전, 석굴 불전, 미륵존 여래입상, 천불과 오백나한을 모신 불감佛龕 등, 다른 절에서 보기 드문 불사를 해놓았다. 대웅전과 거대한 미륵불 입상은 통일의 의지를 담아 북서쪽을 향해 지었다. 미륵불 입상 옆에 서면 북서쪽으로 포천, 연천, 철원 일대가 시원하게 조망된다.

1 451m봉 서릉에서 남쪽으로 본 금룡사와 금주산 정상.
2 금룡사 천불감실.
3 큰골 너럭바위.
4 관모봉 정상에서 남으로 본 금주산 정상(오른쪽). 왼쪽은 곰냄이봉.

08 깃대봉 은두산 銀頭山

높이 644m, 686m
위치 경기도 가평군 청평면·상면
매력 포인트 전철 타고 40분

설움받던 산, 전철 덕분에 스타 되다

가평에는 깃대봉이 두 개다. 청평휴게소 뒷산인 깃대봉과 옛날 금광으로 유명했다는 대금산大金山의 뒤편에 있는 두밀리 깃대봉(910m)이다. 청평휴게소 뒤 깃대봉은 북한강을 한눈에 볼 수 있는 조망을 갖춘 산으로 가까이에 청평역이 있다. 대금산·불기산·청우산이 이웃하고 있어 정상에 서면 능선이 한눈에 들어오고, 시간적 여유가 있을 경우 일찌감치 등산 완료 후 다시 조종천을 끼고 이웃한 산들에 올라볼 수도 있다.

천마지맥에서 갈라져 나온 이 산에는 봉화대가 있었다고 한다. 조종천변 안전유원지와 호명산의 유명세에 가려져 있던 산이었는데 수도권 전철망이 확장되면서 청평역을 사이에 두고 마주보는 호명산과 함께 인기 산행코스로 떠오르고 있다. 그렇지만 깃대봉만 오르는 경우는 드물며 대부분 능선으로 이어진 은두산(686m·은두봉)까지 산행한다.

깃대봉 등산기점인 청평리는 청평면의 중심마을이다. 마을은 조종천朝宗川이 말굽형(ㄷ자형)으로 감싸고 있는 형국이다. 이렇게 마을을 감싸고 돌아 나가는 조종천이 북한강에 유입되면서 그 합수점 북동쪽 천변 둔덕 위에 널찍한 뜰을 이룬 곳이라 하여 맑을 청淸과 평평할 평平자를 써서 청평이라는 마을 이름이 생겼다고 한다.

은두산은 '대성리 국민관광지'를 품고 있다. 은두산도 깃대봉처럼 대성리국민관광지 유명세에 가려져 있다가 대성리역에서 곧바로 산행을 시작하는 등산코스가 개발됐다. 체력에 자신 있는 산꾼들은 대성리역에서 합격봉 능선~오리고개~447m봉~은두봉을 경유해 북동릉을 타고 깃대봉~623.6m봉~청평역까지 종주 산행을 즐기기도 한다. 7시간 30분가량 걸린다.

깃대봉과 은두산은 상봉전철역을 출발하는 춘천행 경춘선열차로 40분 안팎이면 닿을 수 있다. 수도권 당일치기 산행코스로 안성맞춤인 셈이다.

깃대봉 등산코스는 청평리 청구아파트~ 심오암~약수터~갈오현고개~623.6m봉 북동릉~623.6m봉(전망데크), 가는골 입구~성불사~623.6m봉 남동릉~623.6m봉, 소석촌~큰갈울~ 한얼산기도원~576.9m봉 남동릉~ 576.9m봉(한얼산기도원 갈림목), 원대성~안골~승리기도원~오리고개~447m봉~675m봉 남릉~675m봉(은두산 정상비석)~은두산 정상(686.3m봉)~576.9m봉(한얼산기도원 갈림목), 대성리역~대성현~합격봉~오리고개~447m봉~675m봉 남릉~675m봉~은두산 정상~576.9m봉(한얼산기도원 갈림목) 경유 643.5m봉(깃대봉 정상비석)으로 오르는 코스가 대표적이다.

전망데크가 있는 623.6m봉은 사실상 깃대봉 정상을 대신하는 봉우리이다. 정상은 사방이 참나무 숲으로 에워싸여 시원한 조망이 불가능하기 때문이다. 623.6m봉 전망데크에서는 막힘없는 조망이 터진다. 이곳에서 북동으로는 덕현리 조종천 협곡 건너로 청우산이 보이고, 청우산 오른쪽으로는 불기산과 주발봉이 펼쳐진다. 동으로는 청평 분지와 조종천이, 조종천 건너로는 호명호수를 막고 있는 댐과 호명산 정상이 하늘금을 이룬다. 호명산 오른쪽으로는 청평댐과 신청평대교가 놓인 북한강 건너 뽀루봉이 마주 보인다. 남으로는 뽀루봉에서 화야산~고동산으로 이어지는 산릉과 북한강이 시원하게 펼쳐진다.

교통

열차 상봉역에서 대성리역·청평역까지 경춘선 열차
용산역·왕십리역·청량리역→청평역 춘천행 ITX 청춘열차
버스 청량리역→대성리·청평 청평터미널 안내전화 031-585-7242.
동서울터미널→대성리·청평 1688-5979

특산물

잣막걸리 가평은 예로부터 잣이 유명해서 자연스럽게 막걸리도 잣으로 만들어왔다. 1997년 청와대 납품을 통해 전통주로 인정받았고 과천에서 열린 '세계마당극큰잔치' 공식 막걸리로 지정되면서 일반인에게 널리 알려졌다. 1996년 3월 경기도 주최 전통주 품평회에서 당시까지 탁주업계 신화로 통하던 포천 이동막걸리를 제치고 경기 5대명주로 선정됐다.

1 632.6m봉 남동릉에서 동쪽으로 조망되는 청평리. 조종천 건너편은 호명산이다. 왼쪽은 가평 8경 중 제2경인 호명호수 댐이 역삼각형으로 보인다.
2 깃대봉 정상비석. 비석에는 산 높이가 623.6m로 쓰여 있다. 그러나 623.6m봉은 동쪽 1.1km 거리인 전망데크가 있는 곳이다. 비석이 세워진 이곳은 국립지리정보원 발행 지형도에는 643.5m로 표기된 곳이다.
3 성불사 갈림목과 만나는 623.6m봉 삼거리 푯말.

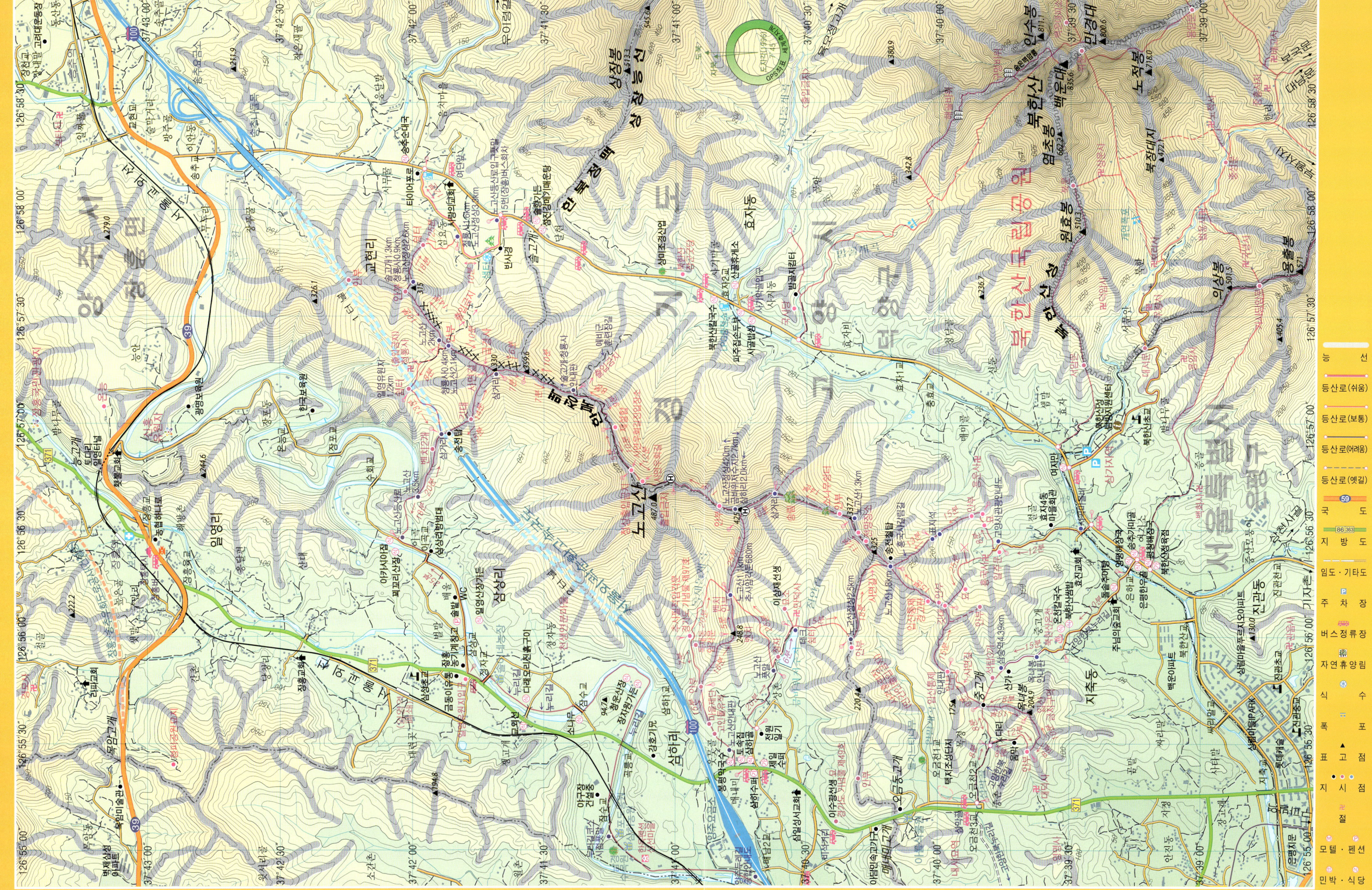

09 노고산 老姑山

높이 487m
위치 서울특별시 은평구, 경기도 양주시 장흥면, 고양시 덕양구
매력 포인트 북한산에 가려진 조망 명산

백패킹 성지가 된 예비군 부대 뒷산

노고산은 북한산국립공원 밖에 있고, 서울과 경기도의 경계에 있으며, 군부대가 있어 자유로운 산행이 어려운 탓에 널리 알려진 산은 아니다. 노고산의 백미는 정상 부근의 헬기장 경치다. 정상부엔 군사시설이 있어 헬기장이 정상을 대신하는데, 여기서 본 맞은편 북한산 능선 실루엣이 기막히게 아름답다.

특히 이 헬기장이 야영 명소로 인기를 얻으면서 주말이면 텐트가 빽빽하게 들어설 정도로 많은 이들이 찾는다. 수도권의 백패킹 성지가 된 셈이다. 특히 헬기장에서 본 해돋이, 즉 북한산의 험준한 능선 위로 솟는 태양은 잊을 수 없는 추억을 선사한다.

노고산은 옛날 일명 '한미산'으로 불리기도 했다. 노고산에 자리한 흥국사와 관련된 기록에는 한미산 흥국사漢美山 興國寺라는 내용이 전해진다. 수도권에서 '노고산'하면 가장 먼저 떠오르는 것은 예비군훈련장이다.

북한 정찰국 124군부대 소속 무장공비 31명이 청와대를 습격한 1968년 '1·21사태' 때 무장공비들의 침투로 및 도주로 역할을 했던 곳이 바로 노고산이다. 그해 1월 22일 노고산에서 도주 중인 무장공비 3명을 발견한 뒤 노고산 일대를 포위하고 공

1 정상을 대신하는 헬기장 옆 바위에서 본 북한산. 왼쪽부터 영봉~인수봉~숨은벽 암릉~백운대~만경대~노적봉이 연이어 보인다.
2 1,400여 년 전 원효스님이 창건한 흥국사 일주문.

비를 소탕하는 과정에서 우리 측에서는 1사단 15연대장이었던 이익수 준장(당시 대령)이 전사했다. 아무튼 1·21사태를 계기로 당시 박정희 대통령이 예비군을 창설하고 서울 북서부지역 예비군 훈련장으로 노고산 일원이 선정되어 오늘에 이르고 있다.

노고산에는 의외로 볼거리와 즐길 거리들이 많다. 노고산 산자락에는 1,400년 고찰인 흥국사를 비롯해서 최근 인기를 끌고 있는 북한산온천, 〈지봉유설〉을 저술한 이수광 선생 묘역, 1924년 우리나라 최초 소년척후단 초대총재를 지낸 월남 이상재 선생 묘역, 고인돌 유적, 추사 김정희 선생 친필 암각문 등이 그것이다.

등산 코스는 정상 남쪽 효자동 흥국사로 오르는 코스가 가장 인기 있다. 주차장이 있으며 주능선까지 비교적 가까워서다. 흥국사는 1,400여 년 전인 661년(신라 문무왕 원년) 원효대사가 창건했다고 전하는 고찰이다. 원효대사는 북한산 원효암에서 수행하던 중 창릉천 건너 노고산 자락에서 상서로운 기운이 일어나는 것을 보게 되었다. 원효대사는 산을 내려와 기운이 일어났던 곳에 이르러 석조 약사여래 부처님을 보게 되었고, 그 자리에 흥성암興聖庵이라는 명칭으로 절을 지었다는 설이 전한다.

이후 조선 영조대왕이 어머니 숙빈 최씨묘소를 갈 때마다 들러 흥국사로 이름을 바꾸고, 약사전 편액 글씨를 직접 써서 하사했다고 한다.

주능선에 닿을 때까지는 가파른 오르막이 이어지며, 주능선 이후에도 간간이 오르내림이 이어지나 북한산을 바라보는 경치가 시원해 주능선에만 닿으면 산행은 비교적 수월한 편이다. 정상까지 4km이며 2시간 정도 걸린다.

북한산온천에서 중고개로 올라 능선을 타고 종주하는 코스도 있다. 북한산온천은 지하 987m에서 끌어 올린 천연온천수다. 몸에 이로운 게르마늄과 셀레늄이 다량 함유되어 있다고 한다.

중고개는 고양시 덕양구 지축동과 오금동 사이 능선마루다. 중고개란 이름은 이곳을 통해 스님(중)들이 많이 왕래했다는 데서 생긴 지명이라 전해진다. 고갯마루에는 옛날 성황당에서 볼 수 있는 돌무지가 남아 있다. 정상까지 5.5km이며 3시간 30분 정도 걸린다.

양주시 장흥면 삼하리에서 오르는 코스도 있다. 금바위저수지 혹은 248.8m봉, 혹은 추사 필적 암각문을 거쳐 오르는 코스이다. 주능선의 425m봉으로 곧장 오를 경우 정상까지 3km이며 1시간 30분 정도 걸린다. 상대적으로 찾는 이가 적지만 북쪽 능선을 통해서 정상 방면으로 오를 수도 있다. 장흥 삼상리와 교현리 코스이며, 삼상리에서 정상 헬기장까지 5km에 3시간 30분 정도 걸린다.

교통
지하철 3호선 구파발역에서 흥국사까지 4km이다. 택시를 이용하는 것이 효율적이며, 버스 이용 시 800m를 걸어서 절까지 올라야 한다. 구파발역과 불광역에서 창릉천을 따라 송추 방면으로 가는 버스가 운행한다. 흥국사·교현리 방면은 구파발역에서 704번과 34번 버스를 탄다.

볼거리
추사 필적 암각문 노고산 독재동 추사 필적 암각문은 서예 전문가들에 의해 조선 후기 추사 김정희 선생의 것으로 추정되고 있다. 현재 독재동계곡의 바위에는 몽재夢齋, 만의와萬倚窩, 가탁천可濯泉, 미수선생장구지소眉叟先生杖屨之所, 류마폭流磨瀑, 감은感恩, 입산석入山石 등 여러 명문이 고만고만한 거리를 두고 흩어져 있다.

이 가운데 夢齋몽재라고 쓰인 암각문의 왼쪽 아래에 秋史추사라는 명문이 있어 김정희 선생의 필적임을 시사하고 있다. 필체는 활달하고 거침없는 호방한 추사체의 일면을 보여주고 있다. 추사의 필적은 누군가 이곳 바위에 새겼을 가능성이 짙다. 경기도 기념물 제97호.

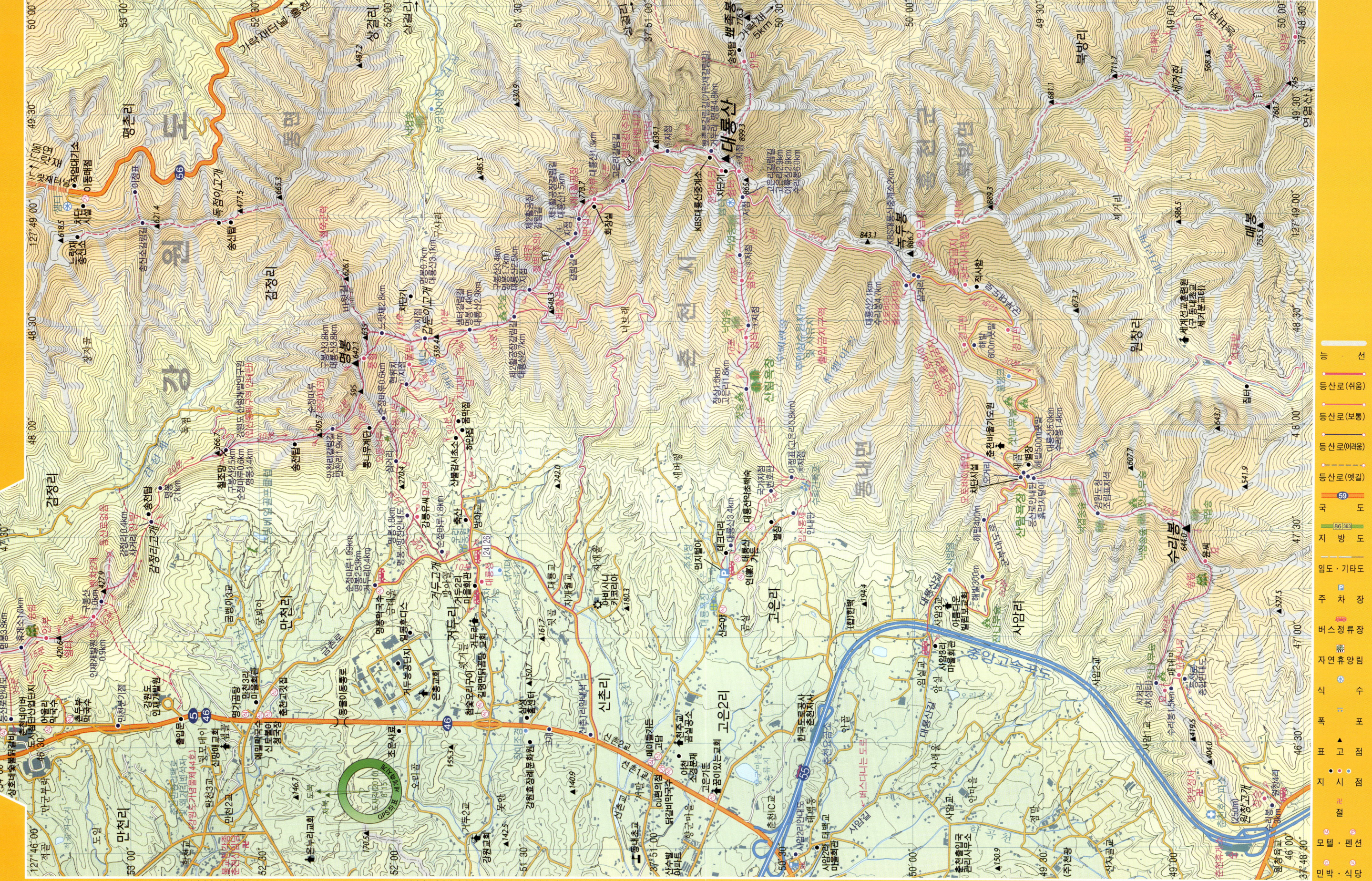

10 대룡산 大龍山

높이 899m
위치 강원도 춘천시 동면·동내면, 홍천군 북방면
매력 포인트 해돋이

호반 도시 춘천의 동녘을 지키는 성곽…첩첩산중 위로 솟는 일출

춘천을 대표하는 산이라 하면 일반적으로 삼악산과 용화산을 친다. 춘천시에서 발행한 관광안내서에 삼악산과 용화산은 반드시 소개되어 있다. 그러나 실제로 이 산들은 춘천시내와는 떨어져 있다. 삼악산은 의암호 건너이고, 용화산은 소양강 건너편이다. 이에 반해 대룡산은 춘천시내 동쪽을 성곽처럼 에워싸고 있어 일출 조망의 산으로 제격이며 춘천시내에서 접근도 편하다.

이처럼 대룡산이 위세를 숨기고 지내온 것은 군사시설들이 자리했기 때문이었다. 그러나 근래 들어 산자락의 군부대가 줄어들면서 대룡산에서 산책을 즐기는 시민들의 발길이 잦아졌다. 또한 2009년 7월 서울춘천고속도로 개통 이후 한 시간 안에 산 아래 산행기점에 닿을 수 있게 됐기 때문에 수도권 등산인들의 발길도 잦아져 이제는 완전히 춘천의 대표 전망대로 자리잡게 됐다.

산세는 전체적으로 부드럽고 길목마다 이정표들이 잘 설치되어 초심자나 노약자도 쉽게 찾을 수 있다. 특히 정상에는 전망데크가 설치되어 있어 일출을 감상하고 호반도시 춘천을 조망하는 즐거움도 누릴 수 있다.

고은리의 고은소류지를 들머리로 수뢰관폭포를 지나 정상으로 향하는 능선 코스는 춘천시내에서 정상으로 접근이 가장 짧고 교통이 편해 가장 많은 사람들이 이용하는 코스다.

버스 종점 동쪽에 대룡산 대형 등산안내판과 입산통제소가 있다. 입산통제소 오른쪽 차단기를 지나 약 40m 가면 오른쪽으로 징검다리를 건넌다. 징검다리를 건너 50m쯤 가면 이동화장실이 있는 삼거리에 닿는다. 왼쪽으로 계류를 건너면 또 삼거리(대룡산 3.4km→ 푯말). 여기서 오른쪽으로 오르면 묵밭이 나오고, 묵밭 상단 숲길로 들어 10분가량 오르면 오른쪽 수뢰관폭포 방면 길과 만나는 사거리에 닿는다.

오른쪽 수뢰관골 협곡에는 볼 만한 폭포가 있다. 약 60도 경사에 상단 약 10m, 하단 약 20m 되는 2단 폭포로 폭포 아래에는 기도터가 있다. 사거리 푯말에서 왼쪽 소나무 숲으로 들어서면 능선길이 시작된다. 능선길로 5~6분 오르면 나오는 쌍묘를 지나 곧 나타나는 통나무계단 길을 오르면 U자형으로 패인 길로 이어진다.

토벽 높이가 어른 키를 넘는 U자형 능선길을 따라 10분 올라가면 패인 길을 빠져나와 능선마루로 이어진다. 이후 수천 평 넓이 잣나무 숲 오른쪽으로 난 능선길로 오르면 휴식장소에 닿는다. 이후 능선길에는 휴식장소가 여럿 나온다. 이어 임도를 만나고 통나무 계단길이 있는 삼거리에 닿는데 모두 정상으로 이어져 있다.

고은소류지 종점을 출발해 수뢰관폭포~임도~남서릉을 경유해 정상에 오르는 산행거리는 약 3.5km로, 2시간30분 안팎이 소요된다. 하산은 원점회귀할 경우 온 길로 되돌아가거나 남쪽 대룡고개에서 수뢰관골로 내려서는 길이 있다. 종주할 경우 대룡산 정상에서 북쪽으로 이어가면 명봉(643m)과 구봉산(441m)까지 갈 수 있다.

1 막힘 없는 조망이 펼쳐지는 제1활공장(773.7m봉)에서 남동으로 본 대룡산 정상(방송국 중계탑 바로 오른쪽).
2 정상 전망데크에서 북서쪽 춘천시내 조망.
3 수뢰관폭포. 지금은 상수원보호구역으로 지정돼 출입금지다.

교통

춘천시외버스터미널 및 고속버스터미널과 남춘천역에서 버스를 타고 한 번만 환승하면 주 들날머리인 고은리 방면으로 이동할 수 있다. 400, 15, 2, 3번 등의 버스를 탄 뒤 석사삼익A 정류장으로 이동, 이곳에서 동내3번 버스를 타고 고은리종점에서 하차하면 된다.

볼거리

대룡산활공장 대룡산에는 패러글라이딩을 즐길 수 있는 두 곳의 활공장이 조성돼 있다. 현재 제1활공장은 폐쇄됐지만, 제2활공장은 운영 중이다. 다만 이곳은 개인 이용은 불가능하고 동호회 활동으로만 패러글라이딩이 가능하며, 따로 체험 업체가 상주하고 있지도 않다.
패러글라이딩을 직접 즐기진 못하더라도, 주말 드라이브 코스로 인기가 높다. 특히 해질 무렵에 방문하면 패러글라이딩을 즐기는 사람들의 모습도 구경하고 일몰도 즐길 수 있다.

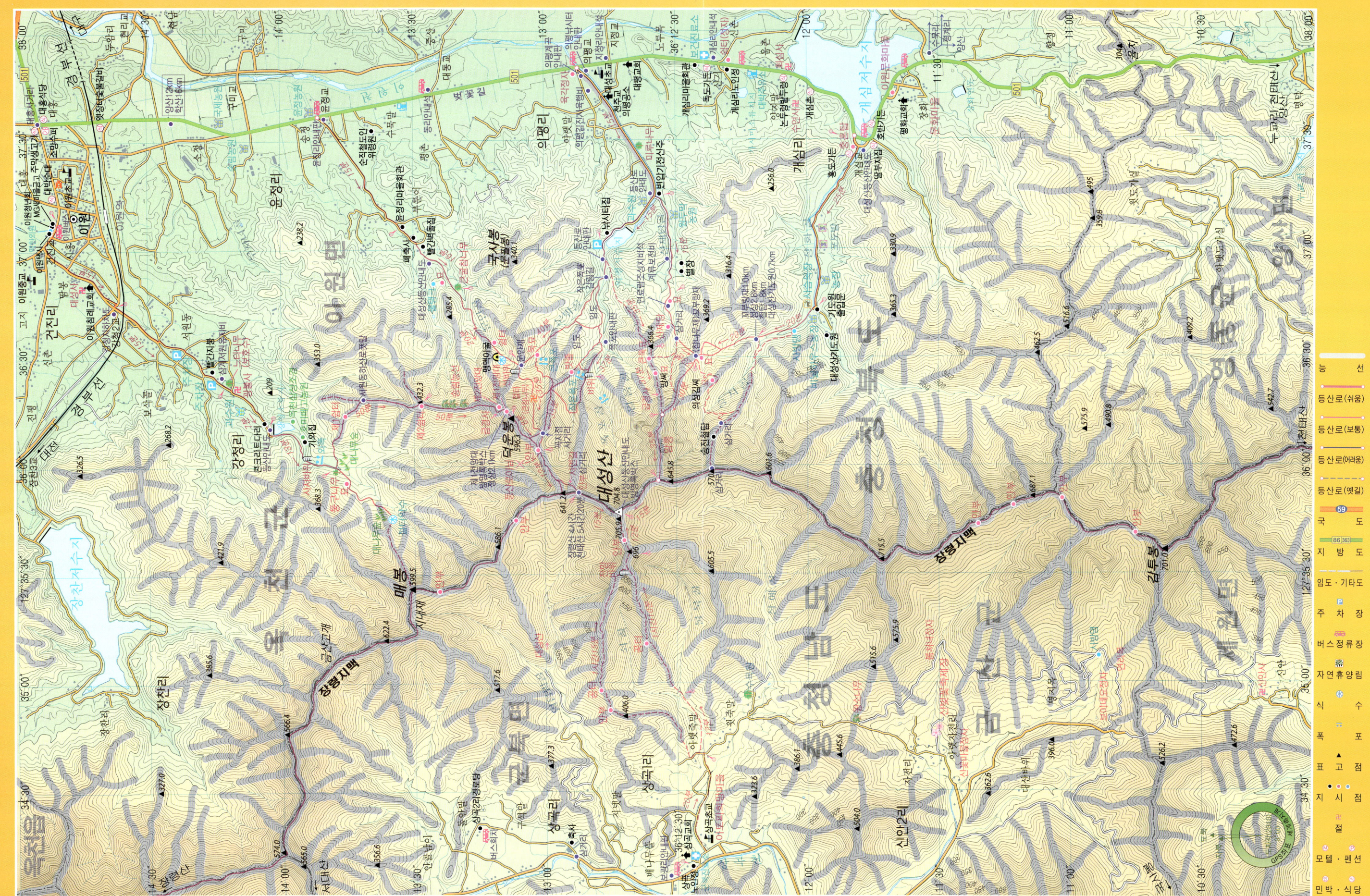

11 대성산 大聖山

높이 705m
위치 충북 옥천군 이원면
매력 포인트 10여 개 폭포

'큰 성인 나온다'는 전설 깃든 옥천 최고봉

금남기맥 인대산에서 동북으로 가지 치는 능선이 식장지맥이다. 식장지맥이 북진하다가 금성산(489m)에 이르면 동북으로 장령지맥을 분기시킨다. 장령지맥과 갈라져 동북으로 나아가는 능선 첫 봉우리가 서대산(904m)이다.

서대산에서 장령지맥은 방향을 남동으로 휘돌며 비들목재~국사봉(667.5m)~감투봉(701m)에 이르면 북과 남으로 갈라진다. 감투봉에서 남으로 갈라진 능선은 천태산이다. 장령지맥은 감투봉에서 북으로 향하는데, 약 1km 거리 690m봉에서 능선 한 갈래를 동으로 분기시킨다. 동으로 향하는 능선은 밤티재~마니산摩尼山(639.8m)~월이산(551m)으로 이어진다. 690m봉에서 계속 북진하는 장령지맥으로 약 4km 거리에서 솟구친 산이 대성산大聖山(704.8m)이다.

대성산은 예부터 '큰 성인聖人이 나온다'는 전설이 전해진다. 산 아래 마을마다 학자와 효자가 많이 나와 문필봉文筆峰이라 불리기도 했다. 일제강점기에 일본인들이 대성산 정기를 죽이려고 정상 부근에 철침봉을 박아 놓았다는 설도 있다.

옥천군에서 서대산(904m)을 제외하면 가장 높은 산인 대성산은 충청권 산꾼들에게 '천성장마'로 유명하다. 천성장마는 천태산~대성산~장령산~마성산~용봉~삼성산에 이르는 33km에 달하는 산줄기를 이르는 말이다. 대성산은 천태산과 장령산 사이에 위치하기 때문에 천성장마 종주산행 중 하산할 수 있는 탈출로로 유용하게 이용된다.

정상 동쪽 5부 능선 기암절벽을 이룬 이원면 의평리 문안골, 폭포골, 어름골 등은 높이 30m 안팎을 자랑하는 큰폭포, 작은폭포, 방안폭포를 비롯해 산제당골 폭포, 어름폭포, 숨은폭포 등 10여 개가 넘는 폭포군으로 이뤄져 있다. 그래서 이 지역은 예전부터 '의평계곡'으로 불리며 유명세를 탔다.

특히 작은폭포에는 옛날 선비들이 이곳을 찾아 풍광을 즐기며 이 폭포를 노래한 오언절구 한시가 새겨진 폭포시비瀑布詩碑가 세워져 있다. 폭포시비에는 "절벽당공험絶壁堂空險(깎아지른 벼랑 하늘 험한 곳에)/ 한천도괘류寒泉倒掛流(차가운 물줄기 걸려 흘러내리니)/ 은은뇌고전殷殷雷鼓轉(은은한 천둥소리 연이어지고)/ 원우만산두源雨滿山頭(비의 근원이 산머리에 가득하구나)"라는 시구가 음각되어 있다. 작은폭포는 3단으로 높이가 30m쯤 된다.

대성산 등산로는 북에서는 이원면소재지 새마을금고 앞 시내버스정류장에서 도보로 25분 거리인 강청리 서원동~덕운봉 북릉~덕운봉~정상 북릉인 장령지맥 641.2m봉, 북동에서는 윤정리~문안골~문안재~꼭지점 사거리~641.2m봉~정상 북릉으로 향하는 코스가 있다.

산꾼들이 가장 즐겨 이용하는 코스는 동쪽 의평리 의평저수지를 들머리로 하는 코스다. 의평저수지 못미처 작은 다리 근처에 차 2대 정도를 세울 수 있다. 이곳이 안 되면 저수지 쪽으로 조금 더 가면 보 밑에 공터가 있다. 저수지 쪽은 유료낚시터가 있어 주차를 금한다는 안내판이 있다.

의평저수지에서 문밖골~큰폭포~선바위(문안재)~꼭지점 사거리~641.2m봉~정상은 약 5.5km에 3시간 정도 걸린다. 저수지에서 작은폭포 쪽으로 방향을 잡으면 꼭지점 사거리~641.2m봉을 지나 정상에 닿는다. 약 4.5km에 3시간 정도가 걸린다.

1 꼬부랑재에서 645.8m봉으로 오르는 암릉지대에서 서북쪽으로 올려다 본 대성산 정상. 정상 좌우로 펼쳐진 능선은 장령지맥이다.
2 문박골 큰폭포, 절터 방면 길들과 만나는 문안재 선바위.
3 사계절 마르지 않는다는 석간수가 나오는 문안골 상류 맹꽁이굴 샘터.

교통
KTX 이용 대전역에 내려 21, 17, 17-1, 18-1번 버스 타고 이원면사무소에 내린다. 버스는 청주시외버스터미널에서 이원시외버스정류장 가는 버스를 이용한다. 이원면에서 들머리까지는 택시를 타는 편이 낫다. 자가용은 경부고속도로 옥천나들목으로 빠져나온다.

볼거리·특산물
정지용 문학관 '향수' 시로 잘 알려진 정지용 시인의 생가 옆에 위치하며 정지용 시인의 문학 세계를 살펴볼 수 있다. **관람료** 무료. **운영시간** 09:00~18:00(매주 월요일, 1월 1일, 설, 추석 휴관).
이원양조장 1930년에 설립되어 90년 넘는 역사를 자랑하는 양조장이다. 양조장 견학과 나만의 원주 만들기, 증류 체험, 도리뱅뱅이 만들기, 막걸리 시음 등을 할 수 있다. 양조장에서 아이원막걸리(1,000원), 향수·시인의마을(각 6,500원) 막걸리를 구입할 수 있다. **문의** 043-732-2177.

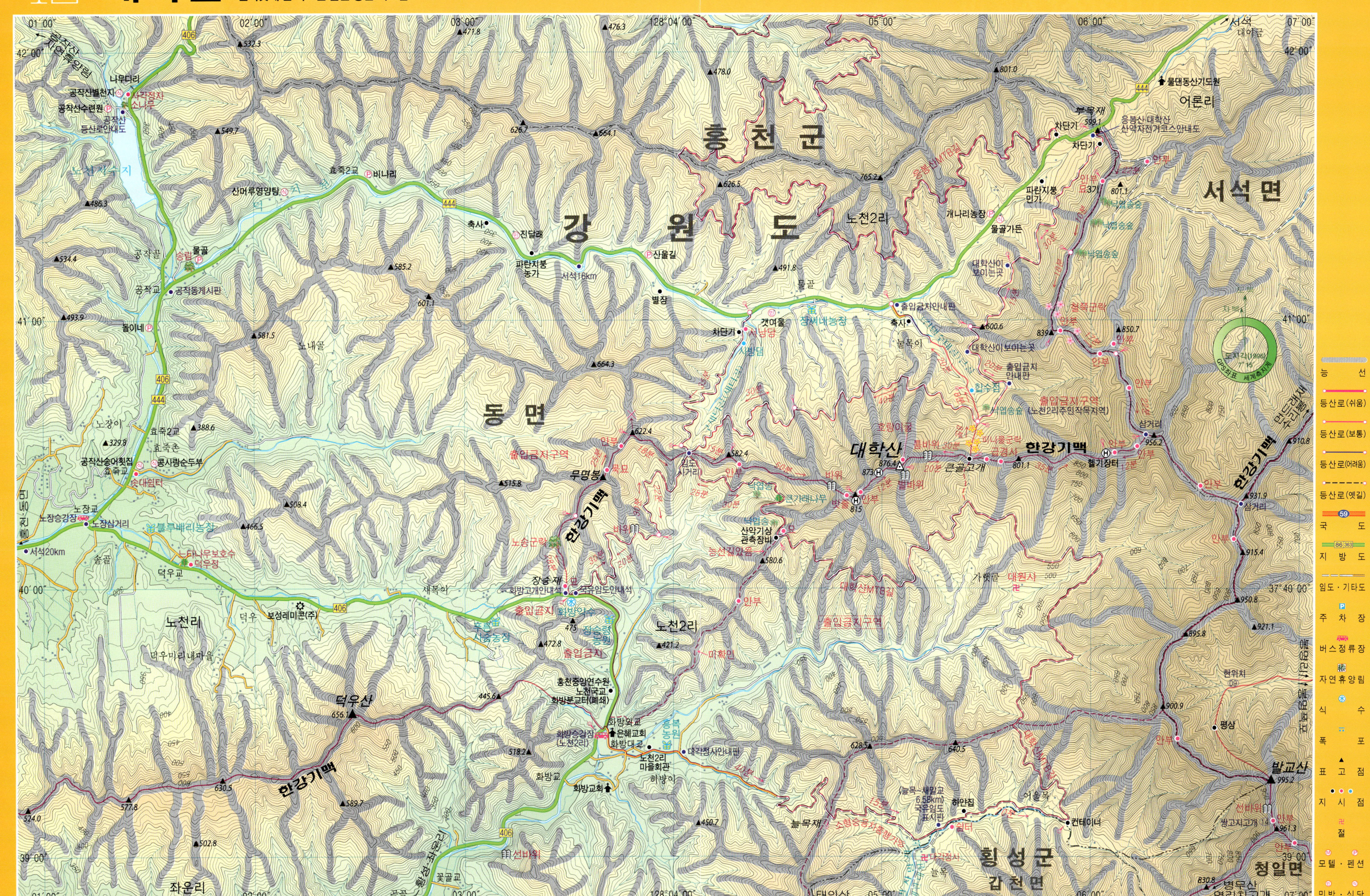

12 대학산 大學山

높이 876m
위치 강원도 홍천군 동면·서석면
매력 포인트 산자락 굽이도는 임도로 편하게 산행

멸종위기식물 한계령풀 자라는 야생화 천국

한강기맥 상에 있는 대학산大學山(876.4m)은 이웃한 공작산과 함께 인기 있는 산이다. 산도 사람처럼 공부를 많이 했느냐 안 했느냐를 따지는 것 같다. 공작산이 수타사壽陀寺라는 대학(사찰)을 품고 있다면, 대학산은 공작산이 누리지 못하는(공작산은 한강기맥에서 갈라져 나간 능선) 한강기맥이라는 대학을 머리에 이고 있다고 보는 것이 그것이다.

2009년 대학산 해발 400~450m 고지에서 멸종위기식물인 한계령풀 군락지가 발견되어 떠들썩했었다. 한계령풀은 우리나라 고산지대에서만 자생하는 것으로 알려진 식물로 설악산 오색계곡의 한계령 능선에서 처음 발견된 식물이다.

한계령풀은 백두대간 자락을 따라 1,000m 이상 고지인 점봉산, 가리왕산, 태백산, 금대봉에서 자생하고 있으며, 홍천에서는 내면 구룡령 일대에서 발견된 바 있다. 세계적인 희귀식물로 멸종위기식물 Ⅱ급으로 지정 보호하고 있다. 한계령풀 외에도 대학산에는 피나물, 괭이눈, 회리바람꽃, 만주바람꽃, 중의무릇, 큰괭이밥 등 야생화가 피어 식물학자나 야생화 사진을 찍는 사진가들이 즐겨 찾기도 한다.

대학산은 산자락 주변에 산악자전거MTB 코스로 인기 있는 임도가 사방으로 연결되어 있기 때문에 남녀노소 누구나 산책하는 기분으로 부담 없이 산행을 즐길 수 있다.

대학산 등산코스는 주능선인 한강기맥을 경계로 북쪽 444번 지방도가 지나는 노천2리 물골에서 오르내리는 산길이 가장 많이 이용된다. 이 방면에서는 새터골~한강기맥 임도 사거리~대학산 서릉 815m봉, 부목재~남서쪽 방면 대학산 산악자전거 코스인 임도~큰골 중류~대학산 동릉 큰골고개, 부목재~956.2m봉 북서릉~956.2m봉 한강기맥 삼거리~헬기장~큰골고개 경유 대학산 정상에 이르는 코스가 있다.

새터골과 부목재 사이인 444번 지방도 늘목이에서 큰골(일명 긴댕수태골)~임도~한강기맥 큰골고개 경유 대학산 정상에 오르는 코스도 있다. 그러나 이 코스는 1995년 임도가 개설된 이후 큰골 상류가 마을주민들 소득사업인 산채작목으로 등산인 출입금지 구역으로 지정되어 있어 하산로로 주로 이용된다. 무단 출입시 민·형사상의 처벌을 받을 수 있다.

주능선인 한강기맥 남쪽 행정지명도 북쪽 물골과 같은 노천2리다. 그러니까 대학산 정상을 가운데 두고 사방으로 꽤 넓은 지역이 모두 노천2리에 속한다. 한강기맥 남쪽 노천2리 화방마을 방면에서는 화방고개 약수터~임도~새터골 방면 길과 만나는 임도사거리~한강기맥 815m봉, 화방고개~한강기맥 622.4m봉~임도 사거리~815m봉 경유 정상에 오르는 코스가 대표적이다.

1 화방고개 약수터 건너편 임도로 30분가량 오른 뒤 북동으로 본 대학산 815m봉.
2 임도 남쪽 꽃밭(피나물 군락) 길에서 올려다 보이는 큰골고개.
3 호랑이굴 내부 모습. 최대장이 서 있는 왼쪽 벽으로 드나들 수 있다.

교통

홍천버스터미널에서 서석시외버스터미널까지 1일 3회(08:00, 12:00, 18:30) 버스가 운행한다. 노천2리까지는 예의촌, 좌운·물골리행 버스를 타고 화방승강장에서 내린다. 화방고개(장승재) 기점으로 등하산하는 경우 이 버스편 이용. 홍천터미널에서 택시를 타면 2만 원 이상 나온다. 자가용 이용 시 중앙고속도로 홍천나들목으로 나와 444번 지방도를 이용한다.

볼거리

천리 덕우마을 느티나무 동면 노천리 노장삼거리에서 화방고개 방면 길로 들어서면 블루베리 농장 안내판이 나오고 이어 왼쪽으로 높이 18m, 나뭇가지 둘레 41m에 이르는 큰 느티나무가 눈길을 끈다. 이 느티나무는 밑둥이 네 줄기로 자라고 있는데, 그중 오른쪽 두 줄기가 동쪽인 화방고개 방면으로 쓰러질 듯 기울어 있다. 여기에는 다음과 같은 전설이 전해진다.

260여 년 전 안세훈이라는 사람이 홍천향교의 느티나무 묘목을 이곳으로 옮겨 정성껏 가꾸었다. 십 수 년이 지난 어느 날 한 마부가 끌고 가던 말의 고삐를 이 나무에 매어 놓았는데 갑자기 말이 놀라면서 화방고개 방면으로 내달리는 순간 동쪽 방향 나무를 쓰러뜨리고 도망쳤다는 전설이다. 이곳 주민들은 예부터 봄이면 이 느티나무의 새싹이 나오는 것을 보고 그해의 흉작과 풍작을 점쳤다고 전해진다.

13 두류산 頭流山

높이 993m
위치 강원도 화천군 사내면·하남면, 춘천시 사북면
매력 포인트 때 묻지 않은 계곡

미녀 명월이 닮은 은밀한 산줄기와 청정 골짜기

전설에 의하면, 백두산에서 남쪽으로 흘러가던 산줄기가 강원도 화천에서 주춤하며 한 번 쉬었다 가는데, 이때 떨어뜨려놓은 산이 두류산이라고 한다. 금강산을 찾아가던 신선들이 두류산 경관에 반해 잠시 머물다 갔다는 전설도 있으며, 산줄기가 아리따운 기생이 누워 있는 옆모습 같다고 하여 마을 이름이 명월리가 되었다는 설도 있다. 빼어난 기생을 통칭하여 명월이라 불렀다고 한다.

화천 지역에서 전하는 바에 따르면 두류산 부근에 여섯 곳의 명당이 있다고 한다. 그래서 일명 육명당산六明堂山이라 부르기도 했다. 두류산 들머리인 사창리史倉里의 옛날 이름은 마을이 떡을 찌는 그릇인 시루 속에 들어앉은 듯 하다 해서 '시루안'으로 불렀다는 설도 전한다.

옛날 시루안마을은 워낙 깊은 산골이었기에 이 마을을 중심으로 산상팔문山上八門이나 지하구곡之河九曲(또는 谷)을 거쳐야만 외부로 통할 수 있었다. 산상팔문은 산을 넘는 여덟 고개를 말한다. 사창리 북쪽 실내고개(다목리로 넘는 고개)와 수피령(다목리에서 철원으로 넘는 고개), 동쪽 명지령(사창리에서 계성리~화천으로 넘는 고개), 남쪽 실운현(사창리 남쪽 삼일 1리에서 가평 화악리로 넘는 고개)과 쉬밀고개(사창리 남서쪽 삼일 2리~화악산과 석룡산 사이를 넘는 고개~가평 적목리 조무락골~용수동으로 이어진다), 도마치(사창리 서남쪽~가평 적목리 용수동으로 넘는 고개), 서쪽 광덕고개(사창리 서북쪽 광덕리에서~포천시 이동 도평리로 넘는 고개)와 회목현(광덕리에서 철원으로 넘는 고개) 등을 말한다.

두류산은 특히 여름철에는 등산로 들머리 날머리 역할을 하는 백마계곡, 폭포골, 용담계곡이 시원함을 더한다. 여기에다 산자락 남쪽 창안산 끝머리를 가로지르는 곡운구곡을 품은 용담계곡과 용담계곡 남쪽 삼일계곡도 찾아 볼 만한 곳이다.

산행은 명월2리 하실내마을 두류산 쉼터에서 폭포골로 오르는 코스, 백마계곡으로 오르는 코스, 임마누엘요양원 기점 코스, 사내면사무소 소재지에서 대성사를 기점으로 창안산을 오르는 코스, 명지령계곡 코스가 대표적이다.

명월2리의 옛날 지명은 실내實乃마을이다. '실내'라는 이름은 옛날 소나 말을 이용한 우마차 적재함(짐칸)에 짐을 쌓는다(적재積載)는 뜻으로 해석되는 '실으세', '실내', '시래'에서 유래되었다고 한다.

백마계곡과 폭포골 갈림길 직전 신선바위는 옛날 아들 낳는 게 소원이었던 아낙네들이 기도를 올리는 장소였다. 백마계곡은 옛날 금강산을 찾아가던 신선들이 일단 이곳에 들러 잠시 쉬어 갔다는 전설이 전해진다.

대명사大明寺를 지난 두 번째 공터에서 오른쪽 계곡이 백마계곡 상류이다. 숲 터널 아래로 이어지는 백마계곡 계곡에서는 작은 소沼와 와폭들과 계속 마주쳐 시원함을 더해 준다. 백마계곡을 거쳐 정상까지 6.5km이며 3시간 30분 정도 걸린다.

폭포골에서 정상까지는 4.5km 거리이며 3시간 정도 소요된다. 임마누엘요양원에서 지능선을 타고 정상에 이르는 코스가 정상을 오르는 최단 코스이며 2.5km에 2시간 30분 정도 걸린다. 최단 코스로 정상에 오른 후 폭포골이나 백마계곡으로 하산하는 산행이 가장 인기 있다. 사창리 시외버스터미널에서 대성사까지 15분 거리이다. 대성사를 기점으로 창안산을 거쳐 정상까지 6km 거리이며 3시간 30분 정도 걸린다.

1 때 묻지 않은 깨끗함을 간직한 백마계곡.
2 소박한 분위기의 두류산 정상.
3 육산 같아 보이지만 간간이 큼직한 바위가 나타난다.

교통
동서울터미널에서 사창리행 버스가 하루 11회(07:05, 08:10, 10:00, 11:20, 12:25, 13:40, 14:45, 15:40, 16:55, 18:05, 19:30) 운행한다. 2시간 정도 걸리며 요금은 1만2,700원.

볼거리
화음동정사지 화천군 사내면 삼일리 화악산 기슭에 자리 잡은 화음동정사지華陰洞精舍址(강원도 기념물 제63호)는 경치가 훌륭한 곳이다. 아름다운 삼일계곡 너럭바위 지대에 자리해 눈이 트이는 시원함을 맛볼 수 있다. 조선 현종 때 평강 현감을 역임한 김수증(1624~1701)이 벼슬을 사직한 후 정사精舍를 짓고 거주했다는 곳이다.

정자 몇 곳이 복원되어 있으며, 삼일정 아래 너럭바위에는 화음동華陰洞, 태극도太極圖, 인문석人文石, 하도河圖, 낙서洛書, 복희伏羲, 팔괘八卦 등이 새겨져 있다. 조선시대 성리학자의 세계관을 음양소식관陰陽消息觀이라는 구조로 조경造景에 나타낸 것이다. 당시 정계에서 은퇴한 선비들이 어떻게 은둔 생활을 했는지를 잘 보여 주는 귀중한 자료이다.

14 두악산 斗岳山

높이 723m
위치 충북 단양군 단성면·대강면
매력 포인트 소금무지 전망데크
조망과 소선암 계곡

단양 8경과 소금무지 경치를 비벼 먹는 산행의 맛!

단양은 산과 계곡, 동굴, 사찰 등 명소가 많은데, 그중에서도 가장 빼어난 8곳을 뽑은 것이 '단양8경'이다. 단양8경은 400여 년 전 퇴계 이황이 "중국의 소상팔경瀟湘八景도 이보다 더 나을 수 없다"고 극찬한 곳이다.

단양8경 중 절반인 4곳의 경승지가 두악산과 가까운 거리에 위치하고 있다. 두악산 서쪽 능선 끝자락인 단양천(일명 삼선구곡)에 하선암, 하선암 상류에 중선암과 상선암, 남동쪽 능선 끝자락인 남조천에 사인암 등이 자리하고 있다.

뿐만 아니라 두악산은 옛날 산꼭대기에 소금과 물을 항아리에 담아두어 이 지방에 자주 발생했던 큰 화재를 예방했다는 전설을 가진 '소금무지'로 유명하다. 여기에 소금무지가 있는 봉우리에서 북쪽 능선 끝자락인 성재산에는 단양 영춘의 온달산성에 버금가는 신라 때의 '단양적성산성'과 '신라적성비'도 볼거리다. 그리고 태종 때(1415년) 군수 이작李作이 설립하고 퇴계 선생이 재건했다는 단양향교 등 볼거리가 적지 않다.

두악산의 자랑거리는 또 있다. 정상을 대신하는 소금무지봉에서 사방으로 펼쳐지는 막힘없이 펼쳐지는 아름다운 파노라마가 그것이다. 두악산 정상 부근에 소금무지 전망데크가 있는데, 일종의 작은 정원처럼 꾸며놓았다. 정상의 중심부에는 북쪽으로 두른 나지막한 돌담 안으로 참나무 한 그루가 자라고 있고 나무 앞에는 항아리 세 개가 나란히 묻혀 있다. 이 항아리는 단양의 기운에 대한 전설과 관련이 있다.

예부터 단양에는 불이 자주 났다고 한다. 이를 지켜본 어느 도인이 "단양丹陽 고을의 지명은 모두 양陽으로 화기를 뜻하고, 단양의 진산인 두악산이 불꽃 모양의 형세라 그러하다. 이에 집집마다 한 명씩 나와 자기가 들어갈 만한 연못을 파고 집 식구대로 물을 부어 화기를 진정시킨 뒤 두악산에 항아리 세 개를 묻어 가운데 항아리에는 소금을, 양쪽 항아리에는 한강물을 부어놓으면 더 이상 화재가 나지 않을 것"이라고 일러 주어 이를 행하고부터는 더 이상 화재가 나지 않았다고 한다. 때문에 지금도 단양 사람들은 두악산을 '소금무지산'으로 더 많이 부르고 매년 음력 정월에 단성면 주민들이 모여 지역의 안녕을 기원하는 '소금무지제'를 지낸다.

정상에 표지석이 있지만 실제 정상은 남쪽으로 조금 떨어진 723m 봉우리다. 중앙고속도로가 지나는 단양대교와 소백산, 덕절산, 용두산, 금수산과 도락산 등 단양을 대표하는 명산들이 사방으로 조망되어 가히 절경이라 부를 만하다. 또한 산 사이를 유유히 흐르는 남한강은 장쾌한 장면을 연출한다.

산행 기점은 크게 세 곳으로 나뉜다. 가장 많이 찾는 기점은 단성면사무소 소재지 상방리에서 올라가는 코스다. 천태종 사찰인 단봉사를 거쳐 3km 오르면 소금무지 전망데크에 닿는다. 2시간 30분 정도 걸린다.

다음으로 많이 찾는 기점이 소선암 기점이다. 오토캠핑장과 소선암자연휴양림에서 능선의 보름재로 오를 수 있다. 오토캠핑장 기준 소금무지 전망데크까지 2km이며 1시간 40분 정도 걸린다.

마지막으로 하선암에서 오르는 코스가 있다. 주로 하산길로 많이 이용하는데, 하선암을 구경하기 위해서다. 하선암에서 정상을 거쳐 소금무지 전망데크까지 2.5km이며 2시간 30분 정도 걸린다.

1 소금무지봉 전망데크에서 본 경치. 여인의 누워 있는 모습을 닮은 금수산 능선이 선명히 드러난다.
2 소금무지 전망데크에서 남쪽으로 100m 가면 만나는 두악산 정상 표지석.
3 삼선구곡 첫 번째 명소인 하선암.

교통

중앙선 열차로 단양역까지 간 후 단성행 군내버스를 타야 한다. 청량리역에서 하루 10회(06:00~20:30) 열차가 운행한다. KTX는 1시간 20분, 무궁화호는 2시간 정도 걸린다. 단양역에서 단성면사무소 소재지까지 7km이며, 택시를 타도 요금 1만 원이 나오지 않는다.

볼거리

하선암 중선암 상선암 하선암下仙岩은 단양천을 빛내 주는 삼선구곡三仙九曲의 경승지다. 단양팔경 중 한 곳인 하선암은 층층으로 된 길이 100여 척 되는 넓은 반석 위에 둥글고 커다란 바위가 서로 기대며 3층으로 얹혀 있다. 그 경관이 빼어나 관광객들 발길이 끊이질 않는 명소다. 봄에는 진달래와 철쭉이 어울려 승경을 이루고, 여름에는 탁족에 그만이다.

중선암中仙岩은 하선암에서 상류로 약 4.5km 거리에 있다. 중선암은 조선조 효종 때 문신인 김수증이 이름 지었다 전해진다. 바위에는 '사군강산 삼선수석四郡江山 三仙水石'이라는 옛날 글씨가 음각되어 있다. 단양, 영춘, 제천, 청풍 사군 중 상·중·하선암이 가장 아름답다는 뜻이라고 한다. 중선암에서 약 1km 더 들어간 협곡에 자리한 상선암上仙岩은 우암 송시열의 제자인 수암 권상하가 이름 지었다 전해진다.

15 마차산 磨叉山

높이 588m
위치 경기도 동두천시·연천군 전곡읍·청산면
매력 포인트 아이와 함께 전철 타고

유순한 산세, 걷는 재미 쏠쏠… 붐비는 소요산과 달리 호젓

동두천역을 지나 소요산역으로 향하는 열차에서 왼쪽 차창으로 보이는 산. 소요산의 유명세에 가려져 잘 알려지지 않은 마차산이다. 정상은 봉화대였고, 6.25 이후에는 군사기지가 있었을 정도로 널찍한 공터로 이뤄져 있어 조망이 막힘없이 터진다.

마차산은 한북정맥과 연결되어 있고, 연천군 전곡읍과 동두천시 경계를 이루고 있으며 3번국도와 경원선 철로를 사이에 두고 소요산과 마주보고 있다. 소요산이 인기 있지만 마차산이 1.4m 더 높다. 산 북쪽은 한탄강 선사문화권과 인접해 산기슭에서는 구석기 유물과 함께 고인돌 선돌 등 선사유물이 출토되고 있다.

전해내려오는 말에 의하면 당나라 장수 설인귀가 당나라 평양에 설치한 안동도호부의 검교안동도호부로 부임하여 고구려땅을 9도독부 42주 100현으로 나누어 관찰하였다고 한다. 이때 설인귀가 마차산 정상에 비를 세웠다고 한다.

마차산은 바로 38선과도 인접해 있다. 6·25 직전에는 북한군의 남침을 눈치 챈 한국군이 구축한 방어선이 북위 38선으로 연결되는 주문진 북방~춘천 북방~가평 북방~포천 북방~소요산~마차산~감악산~임진강 일대를 연결하는

1 버섯재배장을 지나 남동릉 안부로 가는 길에 뒤로 보이는 정상과 남동릉(가운데).
2 기차바위를 지난 남릉에서 마주 본 정상인 수리바위.

선이었다. 그래서 38선 방어선 한 축이었던 마차산도 격전지였으며 '마차산 전투'의 기록도 전해진다. 정상에서 사방으로 늘어진 능선 곳곳에는 6·25 때 한국군과 북한군이 구축한 참호塹壕들이 고스란히 남아 있어 격전지였음을 말해 준다.

2006년 12월 전철 1호선 소요산역이 생기면서 소요산은 등산인들로 북새통을 이루었지만, 마차산은 소요산의 인기에 가려 조용하게 지내왔다. 그러다 등산객이 늘자 동두천시는 마차산 등산기점 곳곳에 등산로 안내판과 구간별 거리를 알려 주는 이정표(푯말)를 설치해 놓아, 산행 중 길을 잃을 염려가 없다. 여기에다 능선길이 완만하고 위험구간이 거의 없기 때문에 어린이나 노약자를 동반한 산행 코스로 제격이다.

마차산 등산은 대중교통이 편리한 동두천시 방면에서 오르내리는 코스가 많이 이용된다. 산행은 수도권 전철로 쉽게 접근할 수 있는 소요산역, 동두천역, 보산역이 기점 역할을 한다. 전철 종점인 소요산역에서 북쪽 방면 등행 기점은 소요산역 맞은편에서 수시 운행하는 전곡~연천 방면 버스로 갈아타면 된다.

소요산역 북쪽 방면에서는 3번국도 초성교~412m봉 동릉~412m봉~431m봉 북동릉 승전교 갈림길~ 봉암광산 갈림길, 3번국도 승전교 입구~

교통
전철 1호선 동두천역(2번출구) 또는 소요산역(1번출구)
버스 36번(소요산~수유역), 39번(전곡~도봉산역), 53번(전곡~덕정) 동두천역, 소요산역에서 하차

볼거리
어등산 힐링 체험 숲 동두천시 종합운동장 뒤에 위치한 도심속 힐링 체험 숲으로 접근성이 용이하여 남녀노소 누구나 쉽게 둘레길과 숲을 즐길 수 있으며, '사색의 숲', '힐링의 숲', '감상의 숲' 3가지 테마로 구성되어 있는 도심 속의 힐링 공간.

승전교~안말~431m봉 북동릉 승전교 갈림길~봉암광산 갈림길, 3번국도~봉암광산골~431m봉 북동릉~양원리고개~431m봉~밤골재~댕댕이고개 경유, 정상에 이르는 세 곳 코스가 대표적이다.

정상에서 사방으로 펼쳐지는 조망이 일품이다. 북으로는 한탄강 건너 연천 방면 멀리로 고대산이 하늘금을 이룬다. 그 오른쪽으로는 지장산, 종자산, 종현산이 연이어진다. 동으로는 소요산이 마주 보인다. 그 아래로 3번국도와 경원선 철길, 그리고 소요산역이 조망된다. 소요산 오른쪽으로는 동두천시 너머로 왕방산, 해룡산, 칠봉산이 펼쳐진다. 남으로는 불곡산이 멀리 도봉산과 함께 시야에 들어온다. 서쪽으로는 간파리 분지 건너로 '하늘 아래 첫 동네'라는 별칭을 가진 늘목1리가 마주보인다.

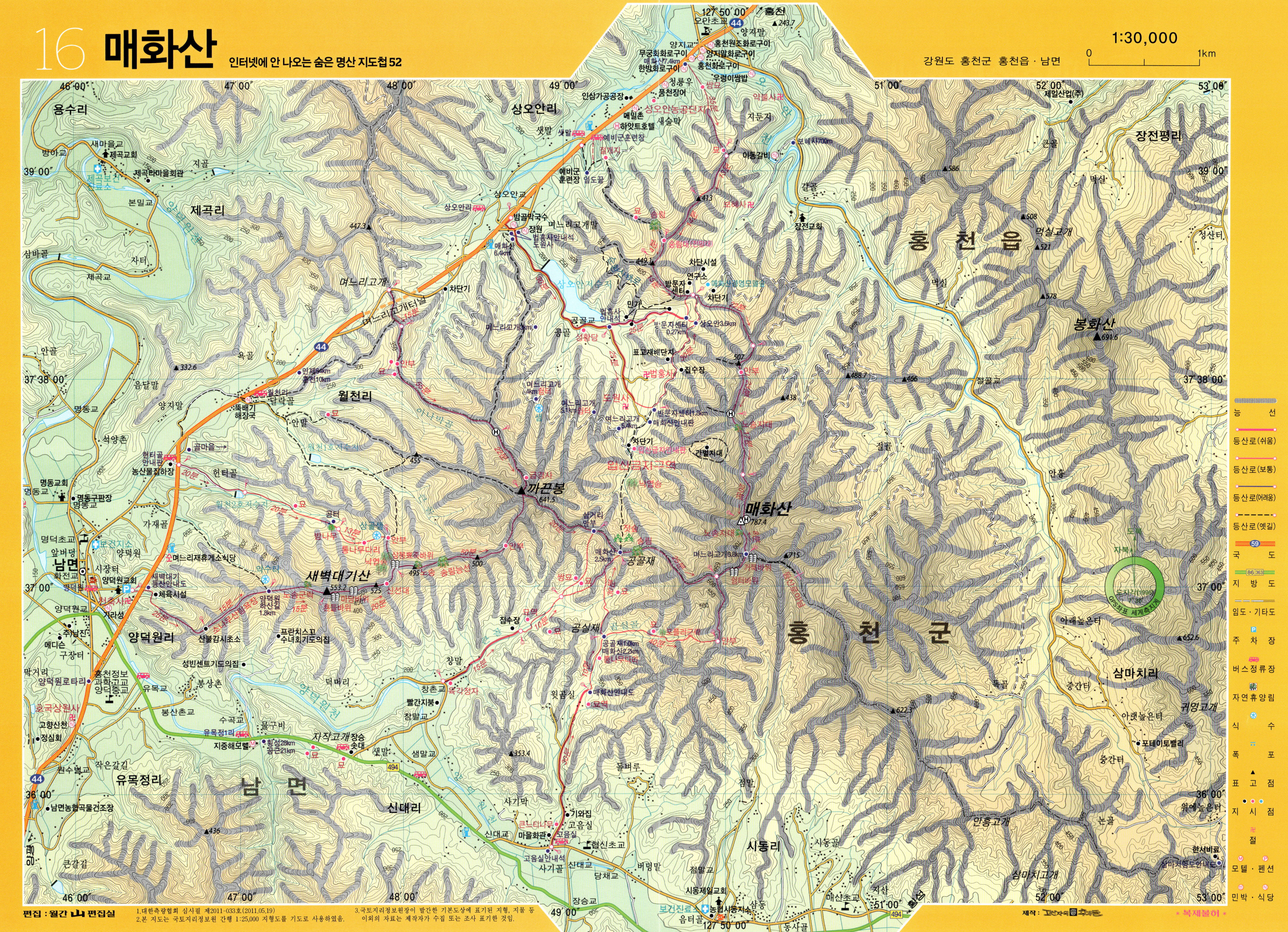

16 매화산 梅花山

높이 787m
위치 강원도 홍천군 남면 · 홍천읍
매력 포인트 봄 철쭉산행

봄의 철쭉부터 겨울 설경까지…이름만큼 향긋

이름부터 향긋한 매화산은 이웃한 까끈봉, 새벽대기산과 함께 묶어 오지산행을 즐기는 등산객들에게 꾸준히 사랑을 받아온 곳이다.

매화산에서 까끈봉~며느리고개로 이어지는 능선을 경계로 북쪽은 홍천군 홍천읍 상오안리, 남쪽은 남면 월천리, 양덕원리와 신대리 경계를 이룬다. 앙증맞은 이름의 까끈봉은 깎아지른 듯한 암벽이 있다는 것에서 유래했다고 하는데, 실제로 그런 암벽은 찾아보기 어렵다.

매화산에서 서북으로 계속 이어지는 능선은 약 2.5km 거리에 까끈봉(642m)을 들어올린 다음 며느리고개로 향한다. 며느리고개에서 이 능선은 북으로 약 10km 더 나아가 387m봉(이 봉우리 이름은 까끈봉과 비슷한 깍은봉)에 이르러 여맥들을 홍천강에 가라앉힌다. 며느리고개 남동쪽 까끈봉에서 서남으로 가지 치는 능선이 있다. 이 능선상으로 약 2.3km 거리에 들어 올려진 산은 새벽대기산(553m)이다. 새벽대기산에서 계속 서진하는 능선은 약 3km 거리 양덕원리에 이르러 여맥들은 양덕원천으로 스며든다.

〈강원도 땅이름〉에 의하면 남면 시동리에는 시동팔경이 있는데 금물산의 가을단풍, 금계천의 고기잡이 햇불, 소리개들의 풍년경치, 농부들의 논매는 소리 등이 이에 속하며, 매화산의 설경도 팔경에 포함된다고 한다.

매화산 정상과 가까운 북릉에서는 바위지대와 어우러진 철쭉과 진달래 군락, 정상에서는 거북바위가 볼 만하다. 매화산 서릉에 해당되는 새벽대기산에서는 흔들바위, 마당바위, 신선대, 삼봉 뽀족바위 등이 볼거리를 제공한다. 또한 선녀가 베틀을 놓고 베를 짜곤 했다는 신선바위와 숫돌이 나왔다는 숫돌재가 있다. 또 임신한 부인이 돌을 던져 바위에 올리면 아들을 낳는다는 아들바위가 있다. 숭림대능선 상에 자리한 5층 높이의 팔각정자 전망대 숭림대崇林臺에 오르면 남쪽 공골계곡 건너 매화산~공골고개~까끈봉이 마주 보인다.

매화산은 정상을 중심으로 북쪽, 북서쪽, 서쪽, 남서쪽의 네 방향에서 오르고 내리는 등산코스들이 있다. 정상 북쪽에서는 상오안리 양지말 화로구이 먹거리촌~숭림대능선~매화산산림경영모델숲 방문자센터~매화산 정상 북릉, 44번국도변 예비군훈련장~숭림대~매화산산림경영모델숲 방문자센터~매화산 정상 북릉, 북서쪽에서는 상오안리 상오안저수지~공골마을~매화산산림경영모델숲 방문자센터~정상 북릉, 서북쪽에서는 며느리고개~까끈봉~공골고개 경유 매화산 정상에 이르는 코스들이 대표적이다.

과거에는 상오안저수지 남단 공골마을에서 남쪽 공골계곡~공골고개 경유 정상으로 향하는 코스를 많이 이용됐다. 그러나 현재는 공골계곡 중단부 임도에서 남쪽 공골고개 방면이 마을주민 작목반 지역으로 변하면서 등산인 및 외지인 출입이 철저하게 금지되고 있다.

정상 서쪽에서는 월천리 헌터골~삼봉 뽀족바위(새벽대기산 갈림길)~까끈봉, 양덕원리~새벽대기산~삼봉 뽀족바위(헌터골 갈림길)~까끈봉~공골고개 경유 매화산 정상에 이르는 코스들이 대표적이다. 정상 남서쪽에서는 신대리 창말에서 공골고개 경유 정상에 이르는 길이 유일하다.

1 매화산 정상 북릉 570.7m봉(헬기장) 남쪽 안부 송림지대에서 공골계곡 건너로 마주보이는 까끈봉.
2 5층 높이 전망대인 숭림대. 목조건물로 보이지만 철근으로 조립된 기둥을 나무판으로 에워쌌다. 사고 방지를 위해 4층까지만 올라갈 수 있다.
3 흔들바위에서 약 20분 거리인 신선대. 노송 뒤로 내려다보이는 곳은 양덕원천이 휘돌아 나아가는 신대리 창말(왼쪽)이다.

교통

주 들날머리인 상오안리까지 가는 방법은 크게 두 가지로, 각각 홍천터미널과 양덕원터미널에서 접근할 수 있다. 양덕원터미널에서 상오안리까지 용문, 양덕원, 시동, 용수, 북노일 등 수시로 많은 버스들이 운행한다. 홍천터미널에서도 같은 노선의 버스들이 역으로 수시 운행한다.

볼거리

매화산경영모델숲 '산림경영'은 숲의 고유기능을 살리면서 지역 특성에 맞는 숲을 가꾸려는 것을 의미한다. 현재는 비교적 사람들에게 익숙한 개념이지만, 2010년대만 해도 이를 아는 사람은 많지 않았다. 매화산경영모델숲은 국내 최초의 산림 경영 모델 숲으로 조성됐으며, 국내 숲 경영의 선도자 역할을 수행한 곳이다. 잣나무와 낙엽송이 우거진 숲이 일품이라 고즈넉한 산책을 즐기기에 안성맞춤이다.

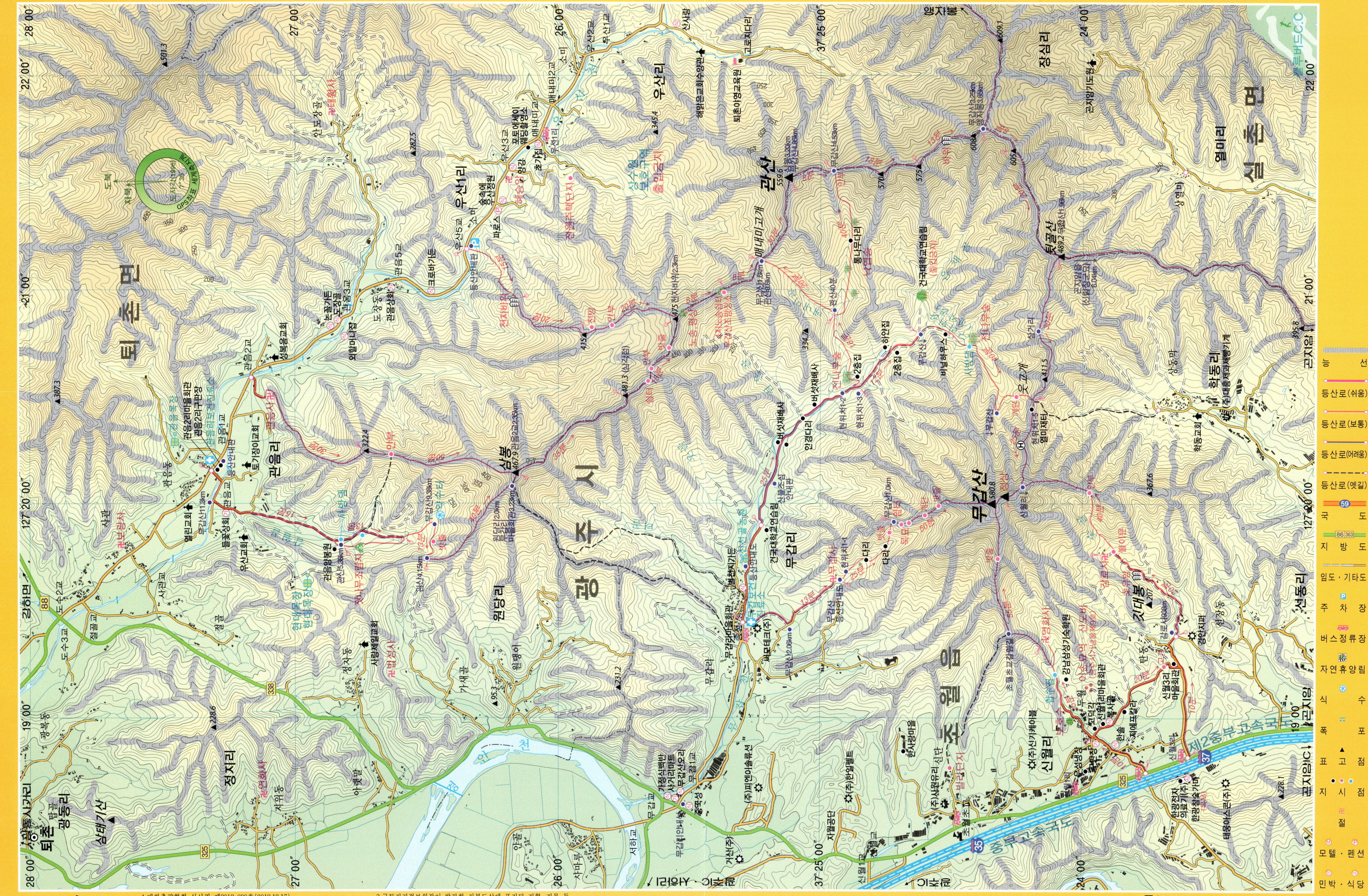

17 무갑산 武甲山
관산 冠山

높이 581m, 560m
위치 경기도 광주시 초월읍·퇴촌면·곤지암읍
매력 포인트 경안천과 어우러진 산세

600m 안 되는 높이지만 의외의 '한 방'

무갑산이 위치한 경기도 광주廣州시는 이름 그대로 광활하게 넓은 땅이라는 뜻이다. 광주시가 옛날 광주군으로 불리던 시절에는 지금의 서울 잠실, 송파 일원, 경기도 하남시 등이 광주 땅이었다.

무갑산은 광주시 초월읍 무갑리, 신월리, 학동리와 실촌읍 열미리 경계, 관산은 초월읍 무갑리와 퇴촌면 관음리, 우산리와 경계를 이룬다. 무갑산과 관산은 무갑리 무갑천을 사이에 두고 서로 마주보고 있는 형상이다.

무갑산이란 이름에 대해서는 세 가지 설이 전해진다. 첫째는 임진왜란 때 무사武士들이 이 산으로 숨어들어와 유격활동을 펼쳤다는 설, 둘째는 산세가 무갑(일명 철갑鐵甲)을 두른 듯하다 하여 무갑산이라 부르게 되었다는 설, 셋째는 왜정 초기에 이 산에서 무인武人이 입었던 큰 갑옷이 발견되어 산 이름이 무갑산으로 불리게 되었다는 설 등이 그것이다.

무갑산은 경안천 풍광과 어우러진 아름다운 산세 때문에 '광주 8경'에 들기도 했다. 하지만 세월 따라 서울과 거리가 가깝다는 이점 때문인지 산자락 아래 신월리와 무갑리 일원에 물류회사 및 공업단지가 조성되면서 본래 모습을 조금씩 잃어가고 있다.

무갑산은 이웃하고 있는 천진암 성지를 품은 앵자봉 인기에 가려 있었다. 그러나 최근 산자락 인근 공장지대에 근무하는 근로자들 및 상주하는 주민들 수가 늘어나면서 공장지대 및 주택단지에서 곧바로 등산을 즐기는 산으로 변했다. 이에 따라 광주시에서 초심자나 이 산을 처음 찾는 등산인들을 위해 등산로 중요 기점과 갈림길마다 안내 푯말을 설치했다. 옛날 낡은 푯말들을 철거하고 새로 설치한 안내 푯말에는 구간별 거리가 거의 정확하게 표기되어 있다. 안내 푯말 외에 주요 기점마다에는 원탁형 탁자와 나무로 된 벤치들이 배치되어 있어 쉬어가기 편하다.

산행지로 별로 알려지지 않은 산이지만 숲이 좋고 계곡이 깊으며 호젓한 산길로 가족들과 함께 산행하기에 좋은 산이다. 우선 서울에서 멀지 않다는 것이 매력이다. 그러다고 얕잡아 볼 산은 아니다. 오르내리는 데 꽤 힘이 든다. 중부고속도로가 천진암을 지나고 중부 3터널을 통과하면 왼쪽으로 보이는 제법 기세가 등등한 산이 무갑산이다. 이 산의 줄기는 관산, 앵자봉, 양자산과 연결돼 있다.

산행들머리는 무갑리 쪽이 좋다. 시작은 무갑리 구판장에서 시작하는 것이 좋다. 능선으로 올라갔다가 정상 반대쪽의 계곡으로 내려올 수 있기에 그렇다. 길에서 보면 무갑산이 500m대라는 것이 믿기지 않을 정도이다. 능선은 완경사와 급경사의 고비를 몇번 반복하면서 점증적으로 고도를 높이고 정상은 그 굴곡진 능선이 끝나는 종점에 있는 것이 확연히 보인다.

무갑산 정상에서 조망은 사방으로 시원하게 터진다. 북으로는 관산과 해협산 뒤로 예봉산과 운길산, 관산 오른쪽인 북동으로는 유명산, 백운봉, 용문산이 하늘금을 이룬다. 동으로는 소리봉과 앵자봉, 남동으로는 앵자지맥이 지나는 천덕봉과 정개산이 펼쳐진다. 남으로는 곤지암 분지 뒤로 국수봉과 해룡산, 남서쪽으로는 중부고속도로 건너 태화산, 마구산, 노고봉, 정광산, 곤지암리조트, 백마산 등이 연이어져 보인다. 서쪽으로는 광주시내 일부와 국수봉이 조망된다.

1 무갑산 정상에서 북으로 마주 본 관산 능선(앞)과 앵자지맥(뒤). 왼쪽 멀리는 용문산이다.
2 감로사 일주문.

교통

서울→광주 동서울 종합 터미널(구의동·전철 2호선 강변역) 맞은편 테크노마트 북쪽 정류소에서 10분 간격(06:00~23:20)으로 운행하는 1113-1번(강변역↔에버랜드) 광역버스, 또는 10분 간격(05:00~23:25)으로 운행하는 13번 버스 이용.

볼거리

감로사 무갑산 일원에서 가장 규모가 큰 사찰인 감로사甘露寺는 대한 불교 조계종 소속이다. 이 절은 옛날 산신령이 호랑이와 함께 자주 나타나 주변 바위에서 쉬었다 가곤 했다는 전설이 전해진다. 절 주변에는 호랑이가 놀다 갔다는 호유암虎遊岩이 눈길을 끈다.

감로사는 병자호란 때 남한산성에 있던 스님들이 이곳으로 피신해 수행하다가 병자호란이 끝난 이후 스님들이 다시 남한산성으로 되돌아갔다는 얘기가 전해진다. 그 이후로는 폐사廢寺된 상태로 세월이 흐르다가 90여 년 전 지현대선사가 이곳에 토굴을 짓고 수행하던 중 절 이름을 감로암으로 지었다고 한다.

무제산

18

인터넷에 안 나오는 숨은 명산 지도첩 52

충청북도 진천군 광혜원면 · 이월면
백곡면 · 진천읍 / 경기도 금강면

1:25,000

18 무제산 武帝山

높이 574m
위치 충북 진천군 광혜원면·이월면·백곡면·진천읍, 경기도 금강면
매력 포인트 확 트인 조망

효자 김덕숭 이야기 전해… 가뭄 땐 기우제 지내던 산

충북 진천읍 북서쪽에 자리한 무제산은 서쪽에 자리한 만뢰산(612m)에 이어 진천군 내에서는 두 번째로 높은 산이다. 주능선은 서쪽 백곡면과 동쪽 이월면 경계를 이룬다. 무제산은 이월면 서쪽에 위치하기 때문에 옛날에는 '서산西山'으로 불렸다. 극심한 가뭄 때에는 이 산에서 곡창지대인 '이월 장양들'에 비를 부르는 기우제를 지냈다고 한다. 무제는 무우제舞雩祭를 가리키는 말로 무우제는 기우제와 같은 말이다.

산자락에는 천연기념물 제13호 왜가리 서식지를 비롯해서 널리 알려지지 않은 노원리 노은영당, 노원리 마애여래입상, 사곡리 마애여래입상과 장수굴, 김덕숭 효자각 등 충북도문화재들을 비롯해 사계절 휴식공간으로 인기 있는 생거진천자연휴양림 등 볼거리와 즐길 곳이 많다.

무제산 정상은 그야말로 거칠 것이 없이 확 트인 전망대다. 북쪽으로 칠장산 등 금북정맥이 보이고, 앞쪽으로는 장군봉, 옥녀봉 능선과 멀리 만뢰산, 환희산, 두타산이 시원하게 조망된다. 무제산 등산코스는 정상 북쪽 옥정동~금북정맥~455m봉~무제산 정상 북릉~임도 쉼터를 경유하거나, 정상 북동쪽 신계리 방면 어댕이마을~어두길 임도~무제산 정상 북릉 임도 쉼터를 경유해 정상을 오르내리는 등산로가 있다. 정상 남동쪽 송림리 방면에서는 안산저수지~2015 간선임도~정상 남동릉 안부 간선임도 사거리~송림정, 안산저수지~장군봉 북동릉~장군봉~정상 남동릉 간선임도 사거리~송림정, 노원리 서원마을회관~옥녀봉 북동릉~옥녀봉~장군봉~정상 남동릉 안부 간선임도 사거리~송림정, 노원리 남쪽인 사곡리에서는 은행정마을회관, 또는 사지마을회관에서 장수굴과 마애여래입상을 지난 356.4m봉 북쪽 안부에 오른 다음, 옥녀봉~장군봉~정상 남동릉 안부 간선임도 사거리~송림정 경유 정상에 오르는 코스가 가장 많이 이용되고 있다. 산자락 서쪽에서는 명암리 생거진천자연휴양림에서 정상을 올랐다가 원점회귀하는 코스가 있다.

노은영당老隱影堂은 신잡申磼(중종 36~광해군 1년, 1541~1609) 선생 초상胄像을 모신 사당이다. 자는 백준伯俊, 호는 독송獨松, 시호는 충헌忠獻이며, 선조 16년(1583) 정시문과에 급제한 이후 정언正言~지평持平~우부승지를 거쳐 이조참판~형조참판을 지냈다. 임진왜란 때에는 비변사당상으로 활동했다. 비변사당상 이후로는 병조참판을 거쳐 평안도 병마절도사로 관직을 옮겼다. 이때 관내 철산군에서 발생한 탈옥사건으로 잠시 파직되었다. 1593년 다시 관직으로 기용되어 밀양부사~형조판서를 거쳐 특진관特進官~동지중추부사로 임명되었다. 1600년에는 호조판서 일을 본 뒤에 병조판서 겸 세자빈객이 되었다. 이후 함경도관찰사, 빙고제조氷庫提調 등을 역임하고 호성공신扈聖功臣~평천부원군에 봉해졌다. 1606년 개성유수를 끝으로 관직에서 물러나 이월 노은으로 낙향했다.

김덕숭 효자각은 조선 세종 때 효자 김덕숭(1373~1448)을 기리기 위한 정려문이다. 강릉 김씨인 김덕숭은 자는 자수字修, 호는 모암慕庵이다. 김덕숭은 사헌부장령司憲府掌令, 한산군수漢山郡守 등 여러 관직을 지내다가 귀향하여 부모를 극진히 모셨다. 이때 김덕숭의 아버지 천익天益은 나이가 90세, 김덕숭은 75세였다. 당시 세종이 안질眼疾을 치료하기 위해 초정으로 내려가 있을 때 김덕숭의 효행 얘기를 듣고 충청감사를 통해 백미 10가마를 보내 주었다. 세종 30년(1448) 김덕숭이 세상을 떠났을 때 세종은 김덕숭을 이조참의吏曹參議로 벼슬을 높이고 세종이 지은 시詩 3수를 내리고 정각亭閣을 건립했으며, 삼강행실도三綱行實圖에 그의 효행을 기록하게 했다.

1 정상 방면 전망대로 오르기 직전 송림정에서 남동쪽으로 본 장군봉(왼쪽)과 옥녀봉 방면(오른쪽 소나무 뒤).
2 옛날 어느 장수의 모습이라는 설도 전해지는 노원리 마애여래입상.
3 정상 북서릉으로 5분 거리에서 바라본 금북정맥 서운산 방면 470.8m봉(왼쪽). 송전철탑 오른쪽은 무제산 북릉과 옥정재 방면 금북정맥.

교통

서울과 수도권~이월, 또는 진천~이월 구간은 대중교통편이 매우 편리하다. 그러나 각 등산기점으로 운행하는 군내버스편 운행간격이 너무 길기 때문에 택시를 이용하는 게 편하다. 자가용을 이용할 경우 각 등산기점에서 산행 후 하산지점에서 택시를 불러 타고 주차장소로 이동하면 된다. 전체 이동구간 평균 택시비 1만 원 안팎.

볼거리

노원리 마애여래입상 두 눈에 살짝 미소를 띤 모습이다. 통견通絹(두 어깨에 걸쳐 입는 옷)의 표현방법과 수평으로 조각한 대좌臺座 등 모습으로 보아 신라 말~고려 초기 불상양식으로 보인다. 통일신라와 고려시대에 걸쳐 진천지방에서 유행했던 불상과 마애불 조성의 계보 파악에 중요한 자료로 인정받고 있다. 해가 떠오르는 남동쪽을 바라보는 모습인 마애불은 높이가 6m가량 된다. 마애불 바로 아래에 전망데크가 갖춰져 있다.

19 미륵산

인터넷에 안 나오는 숨은 명산 지도첩 52

강원도 원주시 귀래면·문막읍·부론면
충청북도 충주시 소태면

1:25,000

19 미륵산 彌勒山

높이 689m
위치 강원 원주시 귀래면·문막읍·부론면, 충북 충주시 소태면
매력 포인트 정상 남쪽 미륵봉의 거대한 불상

1 미륵봉 동쪽 봉우리에서 남동으로 본 황산사터계곡.
2 미륵산 정상에서 남으로 보이는 미륵봉.
3 미륵산 이름을 낳게 한 미륵봉 동봉의 미륵불상. 경순왕이 만든 것으로 전해진다.

오래된 절터와 고찰의 국보·보물 구경하는 재미

미륵산彌勒山(689m)은 영동고속도로 문막나들목에서 비교적 가까운 곳에 위치한 산이다. 원주시 남단을 성곽처럼 에워싸고 있는 백운지맥 695.5m봉에서 남쪽으로 가지 치는 암릉을 따라 약 500m 거리에 솟은 봉우리가 미륵산이다. 원주 치악산(1,288m)에서 뻗어 나온 산줄기가 백운산(1,087m)을 거쳐 미륵산까지 이어진다.

미륵산이란 이름은 정상 남쪽 미륵봉에 새겨진 불상에서 유래했다고 전해진다. 미륵불상은 신라 경순왕의 딸 얼굴 모습이라는 설과 한때 경순왕이 미륵불상 아래 삼층석탑이 있는 황산사(지금의 절터)에 거처했다는 이야기도 전한다. '귀래貴來'라는 지명 또한 '귀한 분이 다녀가신 곳'이라는 뜻이다. 천년고찰 절터들이 가까이 있는 데다 부근에서 가장 높은 산이기 때문에 붙여진 산 이름이라는 설도 전해진다.

고려 초기 이전에 건립되어 번창했던 법천사 터, 거돈사 터를 비롯해 청룡사, 황산사, 억정사 등 유난히 많은 절터와 고찰들이 미륵산을 에워싸고 있다. 그래서 오래된 절터와 고찰에 흩어져 있는 국보와 보물들을 구경하는 것만으로도 이곳을 찾은 보람을 느낄 수 있다.

미륵산은 겉으로 보기에는 육산으로 보인다. 그러나 그 속을 파고들면 의외로 암골미가 빼어난 암릉과 암봉들이 분재와 같은 노송군락들과 어우러져 등산객의 시선을 끈다. 헬기장인 정상에서 보는 조망은 기대 이상으로 장쾌하고 막힘이 없다.

북동으로는 원주 방면 큰양안치와 작은양안치를 넘는 19번국도가 실낱처럼 조망된다. 큰양안치에서 오른쪽으로는 백운산 정상과 멀리 치악산이 하늘금을 이룬다. 동으로는 운계리 분지 위로 십자봉 정상이 하늘금을 이룬다.

십자봉 오른쪽인 남동으로는 귀래면소재지 운남리와 그 안쪽 주포리 일원이 골골샅샅이 내려다보인다. 운남리 협곡 뒤로는 옛날 단종이 울며 넘었다는 배재와 천등지맥상의 시루봉과 옥녀봉이 보인다. 배재와 옥녀봉 뒤 멀리로는 삼봉산과 천등산~인등산~지등산이 충주시 계명산과 함께 펼쳐진다.

남으로는 낙타 등허리를 닮은 미륵봉이 마주 보인다. 미륵봉에서 오른쪽으로는 남한강 건너의 충주시 앙성면 보련산과 국망산 줄기가 시야에 들어온다. 북서쪽으로는 원주시 부론면 법천리 손곡리 방면 봉림산과 현계산 산릉이 너울거린다. 정북으로는 문막 방면 덕가산과 명봉산이 시야에 들어온다.

미륵산 등산코스는 미륵산 북봉에서 남쪽 정상을 지나는 주능선을 경계로 동쪽과 남쪽 방면에 두루 나 있다. 주능선 동쪽인 운계리 방면에서는 서낭당고개~백운지맥~695.5m봉(미륵 북봉), 운계2리~망배재~새터마을~새터고개~미륵산 정상 동릉, 황산사~경천묘~황산사 터~마애미륵불~미륵봉에 이르는 코스가 있다.

정상 남동쪽에서는 황룡사 입구~학수정사 입구(절안)~황산사~경천묘~황산사 터~마애미륵불~미륵봉, 황룡사~신선봉 남릉~치마바위봉~미륵봉, 황산골 주포1리(미륵산마을)회관~463.4m봉~신선봉 남릉 황룡사 갈림길~치마바위봉~신선봉~미륵봉 경유 정상에 오르는 코스가 대표적이다.

교통
원주시외버스터미널에서 하루 4회 운행하는 31번 버스나 원주→진천행 시외버스를 타고 귀래정류소에 내린다. 귀래에서 각 등산로 입구까지는 택시를 이용하는 편이 낫다. 단 귀래에서 운행하는 택시가 1대뿐이고 오전 9시부터 오후 6시까지만 운행한다. 자가용으로는 영동고속도로 문막나들목으로 나와 19번국도를 이용한다.

볼거리
경천묘 미륵산으로 숨어든 신라 제56대 왕 경순왕의 영정을 모시고 추모하는 사당. 935년 경순왕은 운명이 다한 신라를 고려에 평화적으로 넘겨준 뒤 명산名山을 두루 다니다가 이곳 미륵산의 빼어남을 보고 정상에 올라 미륵불상을 조성했다. 이어 그 아래 산자락에 학수사鶴壽寺와 고자암高自庵을 세웠다고 전해진다.

경순왕이 죽은 후 신하와 불자들이 고자암에 영정을 모시고 제사를 받든 것이 영정각의 시발이었다. 이후 소실과 중수를 거듭하다 조선 영조 때 재건되면서 임금이 영정각의 명칭을 '경천묘敬天廟'로 하사했다. 그후 경천묘는 또 소실되었으나 원주시가 2009년 9월 이곳 미륵산 아래에 경천묘를 복원했다. 원주시 향토문화유적 제1호.

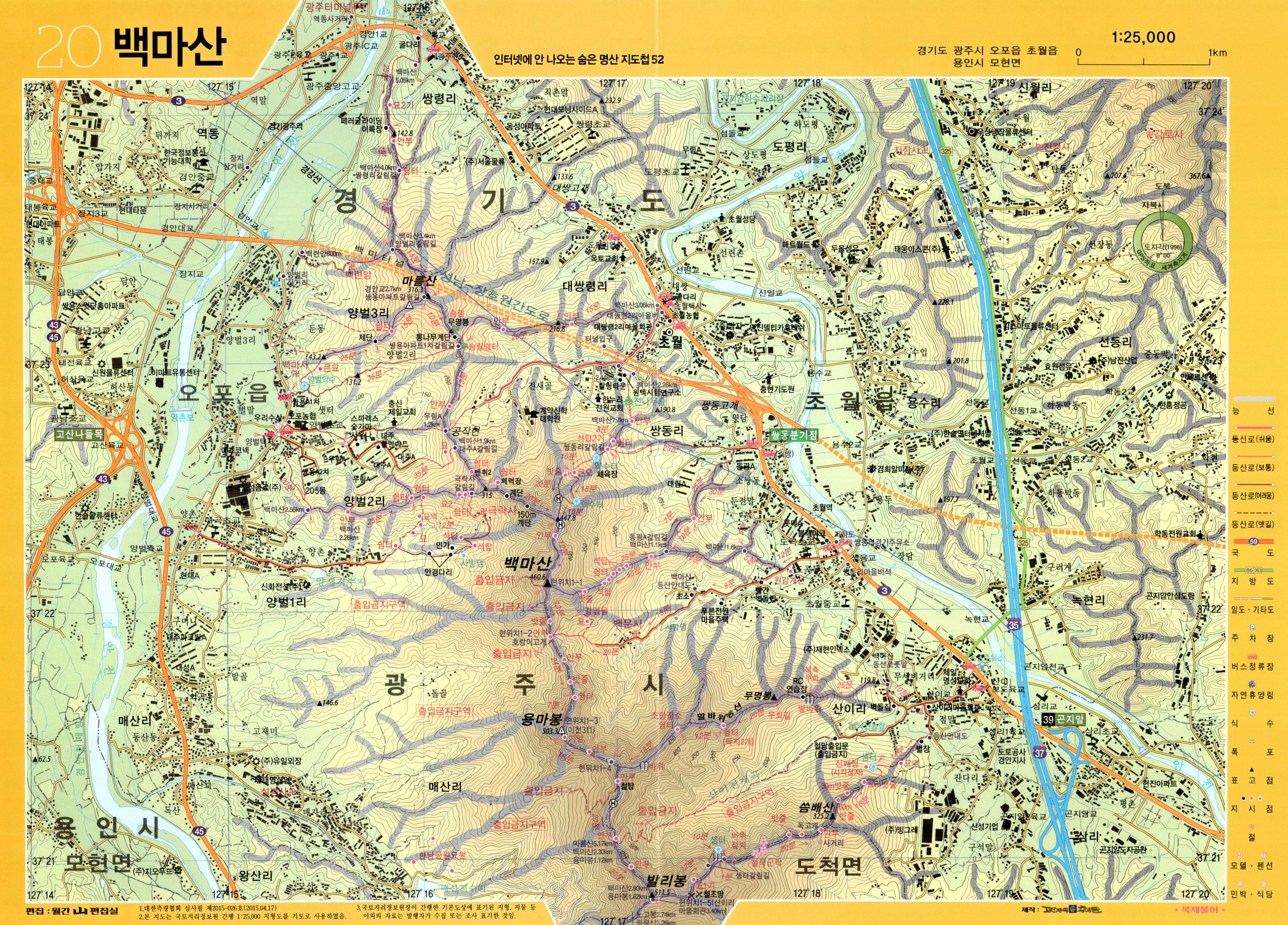

20 백마산 白馬山

높이 461m
위치 경기도 광주시 오포읍·초월읍, 용인시 모현면
매력 포인트 지하철로 편하게 오르는 수더분한 육산

동남아 발리는 못 가도 백마산 발리봉은 갈 수 있지요

2016년 경강선이 개통되며 등산객이 늘어난 산이 백마산(460.6m)이다. 초월역에서 접근성이 좋고 산행 코스도 다양하게 잡을 수 있기 때문이다. 초월역에서 산행을 시작해 경기광주역에서 산행을 맺는 짧은 코스와 백마산~용마봉~발리봉을 잇는 적당한 당일 산행, 백마산에서 종주해 정광산과 김량고개를 거쳐 용인경전철 보평역으로 내달리는 장거리 코스까지 입맛대로 산행 가능하다.

경기도 광주시 초월읍의 백마산은 신라시대 도선국사가 멀리서 이 산을 바라보고 산세가 마치 백마의 등허리 같다고 해서 이름 지었다는 설이 있다. 더불어 도선국사가 후백제의 견훤을 물리치고 고려를 개국할 재목으로 왕건을 지목하고, 그의 휘하 군사들을 훈련시킬 장소로 백마산 일대를 택했다는 설이 전한다.

산세는 전형적인 육산이다. 걷기 좋은 숲길이 대부분이며 급경사마다 난간형 밧줄이 설치되어 있다. 갈림길에는 안내판과 이정표가 설치되어 있어 초보자를 대동한 산행지로도 적당하다. 다만 육산답게 경치가 시원하게 터지는 곳이 드물고, 예비군 훈련시설이 있어 화려한 면은 없다. 백마산 들머리는 초월역에서 600m를 이동해야 닿는다. 가까운 편이지만 아파트 사이의 골목을 지나야 하기에 들머리 찾을 때 주의해야 한다. 초월역에서 백마산 정상까지 1시간 30분 정도 걸린다.

백마산 정상에서 북쪽으로 방향을 꺾어 종주하면 경강선 경기광주역과 광주종합터미널에 이른다. 백마산 다음 봉우리인 447.8m봉에서 왼쪽 능선으로 길을 잡아야 하며, 마름산을 지나 끝까지 능선을 따라 종주하면 경안천이 흐르는 쌍령교 부근으로 내려서게 된다. 여기서 광주터미널은 700m, 경기광주역은 도로 따라 1.3km를 가야 한다.

백마산 정상에서 남쪽으로 가는 코스도 인기 있다. 용마봉(503.3m)과 발리봉(511.5m)을 지나 하산하는 것이 일반적이다. 돌무더기가 있는 용마봉을 지나면 산이리 갈림길이 있는 무명봉에 닿고, 여기서 안부로 뚝 떨어졌다 올라서면 백마산에서 가장 높은 봉우리인 발리봉이다. 발리봉으로 이어진 길에는 예비군 훈련장과 임도가 있는데 주능선을 놓치지 않도록 주의해야 한다.

인도네시아의 관광지로 유명한 섬인 '발리'와 이름이 같지만, 발리봉發梨峰은 유서 깊은 이름으로 '배꽃梨 피는發 봉우리'란 뜻이 담겨 있다. 동남아 발리는 못 가도 경기도 광주의 발리는 경강선을 타고 쉽게 다녀올 수 있는 셈이다.

백마산 정상 보다 위성봉인 용마봉과 발리봉이 더 높다. 과거에는 산 아래 마을이나 큰 고을에서 보이는 대로 산 이름이 유래하는 경우가 많았다. 인근 가장 큰 고을인 광주시내에서 백마산 460.6m봉이 보이고, 그 뒤의 봉우리들은 가려 보이지 않아 그리되었다.

발리봉에서의 하산은 두 가지 코스가 있다. 동쪽 능선을 따라가면 산이리마을회관으로 내려서는 길과 남진하면 안부인 독고개에서 한국외대 용인캠퍼스로 가는 길이다. 한국외대에는 서울시내로 가는 버스 노선이 여럿 운행한다.

장거리 종주를 즐기는 발이 빠른 사람들은 남쪽으로 길게 종주해 정광산과 휴양봉을 지나 김량고개에서 서쪽 능선을 타고 용인경전철(에버라인) 보평역까지 잇는다. 총 22km의 전형적인 육산 종주이다.

1 옛날 말이 나왔다는 전설이 있는 말바위. 왼쪽 산이천계곡 건너로 발리봉이 보인다.
2 발리봉 정상 표지석.
3 발리봉에서 산이리 방면 능선으로 15분 거리인 절벽 아래 샘터.

교통

신분당선 판교역과 분당선 이매역에서 여주로 가는 경강선 복선전철이 주말 기준 약 20분 간격으로 운행한다. 발리봉에서 산이리 방면 하산시 나이키 삼거리에서 초월역을 거쳐 분당, 서울 송파역 등으로 운행하는 300번, 500-1번 버스가 10분 간격으로 운행한다. 한국외대 용인캠퍼스 도서관 앞에서는 양재역, 강변역, 사당역 등으로 운행하는 1500-2, 1117번 버스가 10~30분 간격으로 운행한다.

볼거리

곤지암 도자공원 한국 도자기의 모든 것을 볼 수 있는 박물관 겸 공원. 대부분의 부지가 구석기 유적지이며 조선 시대 왕실에 백자를 생산하던 관요가 운영되던 유서 깊은 장소이다. 관요란 왕실에서 사용하는 도자기를 구워내기 위하여 정부에서 직영 관리했던 가마를 말한다.

44만㎡ 부지에 경기도자박물관, 도화관(도자기 판매·전시관), 도예관, 도자체험교실, 전통공예원, 한국정원, 전통장작가마, 공연장, 농촌체험장, 도문관(카페), 다례시연관, 엑스포 조각공원, 스페인 조각공원, 무궁화동산, 연꽃군락지 홍백원 등 30여 개의 다양한 체험시설과 편의시설을 갖춘 복합문화공간이다. 야외 산책 코스로도 훌륭하여, 총 52점의 조각품이 자연과 어우러진 '스페인 조각공원'과 국내 작가들의 작품으로 구성된 엑스포 조각공원도 있다. 이밖에도 다채로운 볼거리가 있어 잠깐 둘러보더라도 1~2시간은 훌쩍 흘려보내게 된다. 입장료 3,000원이며, 매주 월요일 문을 닫는다.

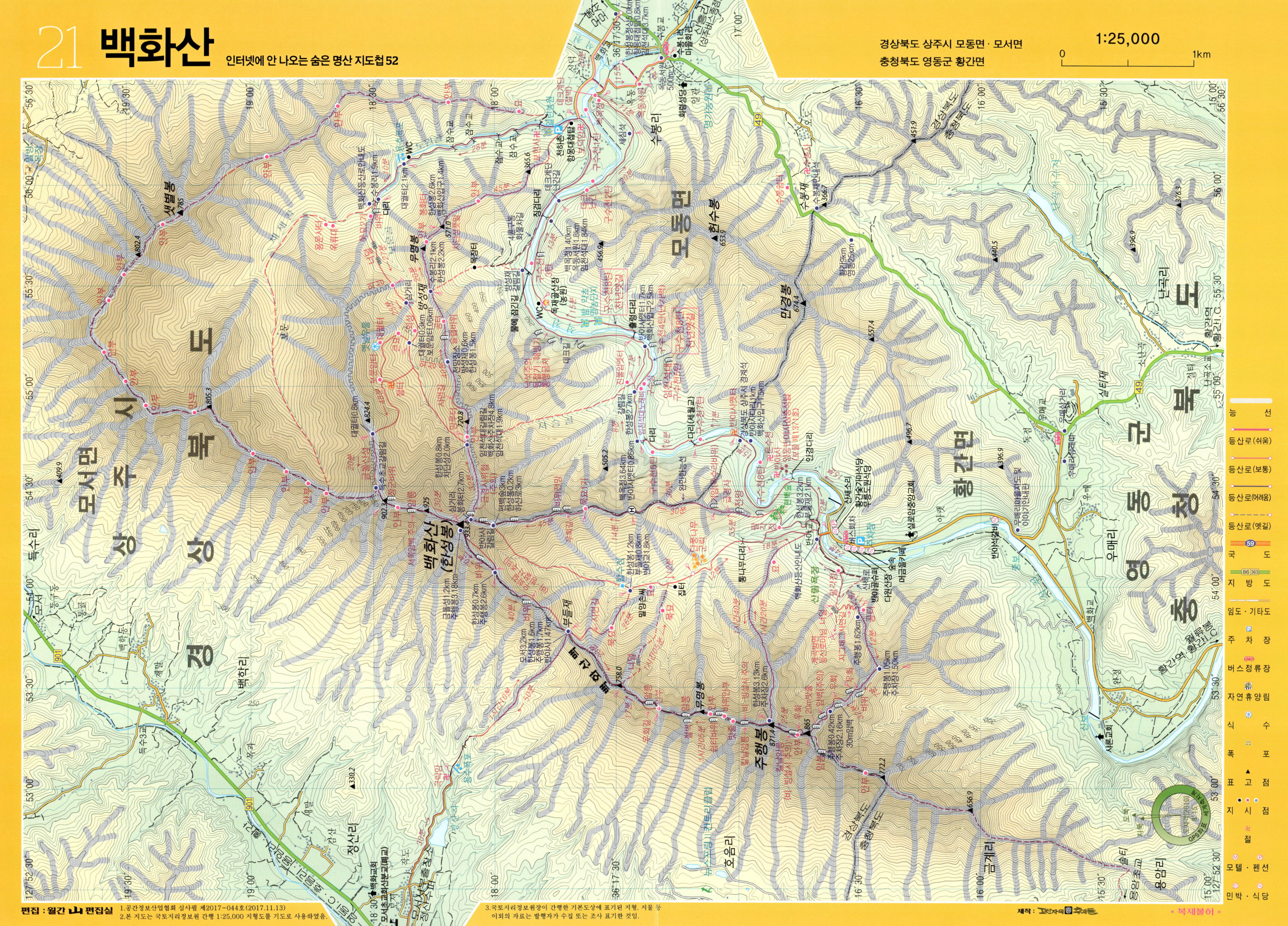

21 백화산 白華山

높이 933m
위치 경북 상주시 모동면·모서면, 충북 영동군 황간면
매력 포인트 압도적 조망 & 석천 명소

하늘을 나는 바위 배를 타본 적 있나요?

백화산은 예부터 경상도에서 속리산, 구병산과 함께 '상산 3명산尙山三名山'으로 불렸던 산이다. 높고 험한 산세는 신라가 삼국통일을 위해 백제와 대치했던 곳으로 이용됐다. 고려 때는 상주 백성들이 몽고군을 격퇴한 승첩지勝捷地였으며, 임진왜란 때에는 나라를 지키려는 상주지역 의병들이 은신처로 삼아 왜구들과 대치했던 곳이다.

차를 타고 추풍령에서 황간으로 갈 때 백화산의 산세가 드러난다. 마치 커다란 배가 하늘에 떠가는 것처럼 보이는데, 이 배가 백화산 주행봉舟行峰이다. 한성봉(933m)에서 주행봉(871m)으로 뻗은 능선은 작지만 하나의 산맥으로 대접하여 백화산맥이라 부르기도 한다. 백화산맥은 머리가 거꾸로 된 산이라 하여 과거에는 두역산頭逆山이라 부르기도 했으나, 그 이름이 점잖지 못하여 백화산으로 고쳤다는 기록도 있다고 한다.

〈신증동국여지승람〉과 모든 기록에 백화산으로 되어 있으나 상주 쪽에서는 한성봉이라 부른다. 주행봉을 현지 주민들은 쌀개봉이라 부르는데, 주행봉의 머리를 이룬 바위봉우리 두 개가 옛날 디딜방아의 쌀개처럼 되어 있기 때문이다.

주행봉과 한성봉은 백화산의 쌍벽을 이루는 봉우리로, 기암괴봉과 숲이 아름답다. 특히 주행봉은 쌀개 모양의 등성이 일대와 고스락에서 한성봉 쪽 잘록까지 온통 날카로운 바위로 되어 있고, 기암괴봉과 낭떠러지 등으로 이루어져 있어 경관이 빼어나다.

또 이 백화산 줄기와 남쪽으로 마주보고 있는 매우 뾰족하고 우뚝한 지장산 만경봉(674m) 사이에 깊고 좁은 협곡이 있다. 이 협곡을 흐르는 냇물이 석천이다. 충북 영동과 경북 상주 경계를 이루는 석천의 반야사 상류 일대는 냇물 양쪽이 천길 바위 벼랑을 이루고 있다. 이 일대는 굽이굽이 벼랑을 이루고 있는 곳이 많아 그야말로 별천지다. 냇가 양쪽이 높은 벼루를 이루고 있기 때문에 사람이 다닐 수 없는 곳이다. 상주 쪽 옛 기록인 상산지에 백화산과 석천을 다음과 같이 잘 묘사하고 있다.

'백화산은 중모현 서쪽에 있으니 상주에서 77리다. 기괴한 봉우리들이 우뚝 솟아 절경을 이루어 형용키 어려우며 산 아래 큰 내가 굽이돌아 남쪽으로 사담에 이르니 넓어지면 담동潭洞(못과 굴)이 되고 흩어지면 필련疋鍊(폭포)과 같으며, 계곡 양쪽은 절벽을 이루었고 절벽 사이에는 층층이 노송과 기이한 꽃들이 피어 일대 장관이다.'

황간면 우매리 석천 반야교 부근의 갓길 주차장 기점으로 하는 산행이 가장 인기 있다. 주행봉과 한성봉을 모두 거쳐 원점회귀 가능하기 때문이다. 우매리에서 남동릉을 거쳐 주행봉까지 2.5km이며 3시간 정도 걸린다. 특히 주행봉은 험준한 암봉이다. 천길 낭떠러지 칼날능선을 지나야 하는 곳도 있으므로 비가 오거나 눈이 쌓였을때는 산행을 삼가는 것이 좋고, 초보자는 경험자와 동행해야 안전하다.

주행봉에서 백화산맥을 따라 가다 부들재에서 계곡을 따라 반야교로 하산할 수 있다. 주행봉에서 반야교까지 4.5km이며 3시간 정도 걸린다. 우매리 반야교에서 능선을 따라 한성봉 정상에 오르는 코스도 인기 있다. 6km이며 4시간 정도 걸린다. 정상에서는 동릉을 따라 상주 모동면 수봉리 주차장으로 하산할 수 있다. 4.5km이며 3시간 30분 정도 걸린다. 상주 수봉리에서 한성봉을 오르는 기점도 많이 찾는다. 도원골 용추폭포를 거쳐 정상에 오르는데 6.5km이며 3시간 30분 정도 걸린다.

1 시원한 경치가 드러나는 장군바위 부근 암릉지대. 정면에 솟은 봉우리가 백화산 정상이며, 우측 멀리 솟은 봉우리가 주행봉이다.
2 너른 공터가 있는 주행봉 정상. 멀리 백두대간 줄기가 보인다.
3 금방이라도 날아오를 듯한 자태를 닮은 독수리바위.
4 일부 구간이 복원된 금돌산성.

교통

대중교통으로 접근 시 황간역을 기점으로 하는 것이 효율적이다. 서울역에서 황간역을 경유하는 무궁화호 열차가 하루 4회(08:17, 11:15, 13:06, 16:11) 운행한다. 대전역에서 무궁화호(06:20, 07:12, 10:29, 13:16)를 타면 40~50분 정도면 황간역에 닿는다. 황간역에서는 택시를 타고 우매리나 수봉리로 접근하는 것이 효율적이다. 황간역에서 우매리까지 8km 거리이다.

볼거리

구수천 8탄 석천에는 8곳의 여울을 뜻하는 '구수천 8탄'이 백화산의 진가를 더욱 높여 주고 있다. 구수천 8탄에는 선비들이 풍류를 즐겼던 백옥정과 세심석·저승골, 고려 때 음악가였던 임천석을 기리는 임천석대·난가벽 등이 아름다움을 더해 준다. 이외에도 산자락에는 천년고찰 반야사와 보현사를 비롯해 금돌산성 들목의 용추폭포, 대궐 터 등 볼거리들이 풍성하다.

22 발교산 髮校山
병무산 兵無山

높이 995m, 921m
위치 강원 홍천군 동면 서석면
횡성군 갑천면 · 청일면
매력 포인트 병지방 계곡

1 횡성에서 가장 큰 폭포로 손꼽히는 발교산 봉명폭포. 밑에서 보면 3단이지만, 실제로는 4단 폭포이다.
2 병지방리에서도 가장 오지인 늘목에 자리한 대각정사.

사람 손 덜 탄 심산유곡

발교산(995m)과 병무산(921m)은 오염되지 않은 계곡미가 있는 산이다. 발교산 북동쪽 산자락에는 알려져 있지 않은 폭포가 숨은 듯 자리하고 있다. 바로 횡성군에서 가장 규모가 크다는 봉명폭포이다.

발교산에 뒤질세라 병무산 자락에는 횡성 최고의 오지이자 청정지역인 병지방계곡을 거느리고 있다. 발기산과 병무산 서쪽에서 발원한 물줄기인 병지방계곡은 강원도 어느 산 어느 계곡들과 견주어도 뒤지지 않는 아름다운 계곡미를 간직한 곳이다.

발교산과 병무산은 알려지지 않은 강원도 첩첩산중 속 하나의 산줄기에 불과해 보이지만, 산행의 재미는 적지 않다. 사람 손을 덜 탄 깨끗한 자연과 고즈넉함, 하늘을 가리는 상수리나무 숲 터널이 장관이다. 분재 같은 멋들어진 소나무 군락과 바위능선이 곁들여져 산행의 즐거움을 더해 준다. 간간이 만나는 능선 곳곳의 바위지대에서의 조망도 일품이다.

단점은 대중교통편이 불편하다는 점이다. 대중교통보다는 자가용을 이용해 원점회귀 산행을 하는 것이 더 편리하다.

발교산 등산로는 봉명4교에서 절골~봉명폭포~북서릉 경유 정상에 오르는 코스가 가장 많이 이용된다. 절골을 통해 정상까지 이어진 길은 4.5km 거리이며 2시간 30분 정도 걸린다. 하산은 정상에서 발교산산장 방면으로 내려서면 자연스런 원점회귀 가능하다. 발교산 정상 남쪽 쌍짜지고개 남동릉을 타고 한치골농원 방면으로 내려서는 능선길도 있다. 남동릉 코스는 4.5km 거리이며 하산하는 데만 3시간 정도 걸린다. 정상 서쪽의 노천리 방면에서 어울목계곡과 명리치고개를 거쳐 발교산에 오르는 코스도 있다.

봉명4교(봉명2리) 발교산 산행기점 일원은 일명 '고라데이'마을이라 불린다. '고라데이'는 강원도 토속어로 '골짜기'를 일컫는 말이다. 이 마을은 2007년 환경부로부터 '자연생태우수마을'로 지정되었을 정도로 아름다운 곳이다. 봉명2리의 옛날 지명은 '구접이'마을이다. 토박이 주민들에 의하면 마을을 중심으로 산릉들이 배추 잎처럼 아홉 겹이나 둘러싸여 있기 때문에 '구접'이라 이름지어졌다고 한다. 그만큼 골짜기가 매우 깊고 외진 오지였다.

그래서 6 · 25 때 이곳 주민들은 전쟁이 일어난 것조차 모르고 지냈다는 얘기가 전해진다. 옛날 구접이마을에는 금광이 많이 났고, 마을 일대 물에는 철분이 많이 함유되어 비눗물이 잘 씻기지 않는다는 얘기도 전해진다.

봉명폭포는 횡성군 관할 내 폭포들 중에서 가장 규모가 큰 폭포다. 밑에서 올려다보면 3단(밑에서부터 1단 폭포 높이 약 8m, 2단 약 14m, 3단 약 4m)으로 보인다. 그러나 폭포를 오른쪽으로 돌아 3단 폭포 위 너럭바위에 오르면 밑에서는 보이지 않던 약 20m 길이인 와폭(4단)이 있다. 한눈에 가늠하기 어려운 복잡한 모양새의 큰 폭포인 셈이다. 발교산 정상에서는 수풀이 우거진 시기에 동쪽 방면만 조망이 가능하다.

사실항마을 망골 기점으로 명리치고개를 거쳐 발교산에 올랐다가 남동릉으로 하산하는 원점회귀 코스도 있다. 사실항의 옛 이름은 '사실목이' 또는 '사슴목이'였다고 한다. 망골로 정상까지 5.5km이며 4시간 정도 걸린다. 망골 좌측의 사실항계곡은 사유지이며 입산이 통제되어 있다.

병무산은 사실항계곡 출입금지로, 자연스러운 원점회귀 코스를 잡기 어렵다. 정상에 이른 후 남릉을 종주하여 금계뜰마을까지 가거나, 왔던 길을 되돌아서 하산해야 한다. 병무산 정상은 동쪽이 낭떠러지라 시야가 트여 있어 사실항계곡 방면이 아찔하게 내려다보인다.

발교산과 병무산 서쪽 등산기점인 노천리 화방마을은 홍천군 동면에서 가장 동쪽 끝머리에 자리한 마을이다. 지도를 대충 보면 계곡을 따라 명리치고개로 이어진 것 같지만, 중간에 능선의 고개(늘목재)를 한 번 넘어야 한다. 해발 470m인 늘목재에서는 발교산과 병무산이 마주보인다. 고개를 넘어가면 대각정사 부근 어울목계곡에 닿는데, 상류는 건천으로 산길이 흐릿해진다. 노천리에서 늘목재와 어울목계곡 지나 병무산 정상까지 8km이며 4시간 정도 걸린다.

교통

발교산은 대중교통으로 접근이 까다롭다. 횡성역까지 KTX 강릉선으로 이동해, 여기서 차량을 렌트하는 것이 효율적이다. 절골 입구까지 30km 거리이며 차로 30분 정도 걸린다. 봉명리행 버스는 횡성읍내에서 하루 1회, 둔내에서 2회 운행해 시간 맞추기가 어렵다.

볼거리

횡성호 댐으로 만든 인공호수이다. 횡성읍에서 출발해 유유히 흐르는 섬강 줄기가 닿는 곳이 횡성호. 수림공원을 지나 댐을 굽어볼 수 있는 널따란 광장에 이르면 정면으로 횡성댐만의 자랑인 물홍보관이 자리하고 있다. 호숫가에는 31km의 '횡성호수길'이 조성되어 있다. 이 중 갑천면의 5개 마을 수몰민들이 고향을 그리며 조성한 망향의 동산 주변을 도는 5코스 가족길(4.5km)이 가장 풍광이 빼어나고 걷기 난이도도 쉬워 인기 있다.

23 봉미산 鳳尾山

높이 855m
위치 경기도 양평군 단월면·가평군 설악면
매력 포인트 시원한 골짜기로 둘러싸인 청량 등산코스

용문산 뒤란에 숨은 듯 자리한 오지의 산

한강기맥상의 양평 용문산龍門山(1,157.1m)과 싸리봉(814m) 사이에 피라미드처럼 솟은 산이 폭산(1,002.5m)이다. 폭산에서 북으로 가지 치는 능선이 있다. 폭산을 벗어나는 능선이 비치고개를 지나 빚어 놓은 산이 봉미산鳳尾山(855.2m)이다.

옛날 봉미산 아래 주민들은 봉미산을 속세를 벗어났다는 뜻으로 '속리산俗離山'이라 불렀다. 그도 그럴 것이 사람이 사는 세상인 속세俗世에 해당하는 양평에서 볼 때 이 산은 용문산 뒤편으로 숨은 듯 뚝 떨어져 있기 때문이다. 주능선에 늪지가 있어 '늪산'으로 부르기도 한다.

봉미산의 어머니 산이 되는 용문산을 상상의 상서로운 새인 봉황鳳凰의 머리로 보고, 폭산에서 북으로 뻗은 능선은 새의 몸통, 비치고개에서 들어 올려진 봉미산을 봉황새의 꼬리尾로 해석해서 산 이름이 그렇다는 설도 전해진다.

봉미산은 경기도 가평군에서 가장 오지로 꼽히는 설악면 설곡리와 양평군에서도 가장 오지인 단월면 산음리와 석산리 경계를 이룬다. 산자락 서쪽 설곡리 방면으로는 봉미산에서 발원한 늦동골, 북으로는 석산리 싸리골과 논골, 동으로는 비슬고개~싸리재~폭산에서 발원한 산음천, 남으로는 국립산음자연휴양림과 삼천골이 산을 에워싸고 있는 형국이다.

사방이 시원한 골짜기로 둘러싸여 무더운 여름철 청량淸凉 등산코스로 인기가 많다. 특히 산자락 북동으로 이웃하고 있는 '소리산 소금강'은 여름철 양평에서 최고로 치는 납량코스다. 소리산 소금강 북쪽으로 패어나간 골짜기 끝이 바로 유명한 홍천강 모곡유원지이다.

본격적인 봉미산 등산은 1980년대부터 시작되었다. 이때 등산은 금강운수 산음영업소를 겸했던 산음상회에서 서쪽으로 들어간 샘골마을(당시 농가 4~5채) 삼거리에서 오른쪽 언덕 위(언덕에서 북동쪽 내리막길은 고가수마을 방면)로 올라가 왼쪽 지계곡~잣나무 숲~초가집과 천수답~북서쪽 계곡~정상 동릉으로 올라가는 길뿐이었다. 이 코스는 지금 등산로와 거의 같다. 당시 초가집과 천수답은 잡초에 묻혀 흔적을 감추었다.

봉미산은 가을에는 계곡을 병풍처럼 둘러싼 암벽과 화려하게 어우러진 단풍, 겨울에는 용문산과 어깨를 겨루는 설경, 봄철에는 온 산이 산나물과 어우러진 철쭉군락으로 뒤덮여 사계절 등산인들의 발길이 끊이지 않는다. 봉미산 정상을 가운데 두고 서쪽 설곡리부터 U자형으로 휘돌아 석산리로 이어지는 임도는 산악자전거 및 트레킹 코스로도 인기가 높다.

봉미산 등산로는 정상을 중심으로 북쪽 석산2리 섬이마을~논골~만수터~싸리골~늦동고개~정상 북서릉, 정상 동쪽 산음2리 산음상회~샘골~주얼리펜션~임도~정상 동릉, 산음상회~샘골~늪산~정상 남릉, 정상 남쪽에서는 산음1리 고북 버스회차장에서 국립산음자연휴양림~비치고개~늪산~정상 남릉 경유 정상에 오르내리는 코스가 대표적이다.

봉미산 서쪽에서는 설곡리 성곡마을~비치골~비치고개~늪산~정상 남릉, 성곡마을~늦동골~큰골~정상 북서릉, 또는 늦동골~늦동고개~정상 북서릉 경유 정상으로 오르내리는 코스들이 대표적이다.

1 봉미산 등산 안내도에서 출발. 비치골 방면 5분 거리 임도에서 정면으로 보이는 봉미산 정상. 정상 왼쪽 아래는 늦동골이다.
2 봉미산 정상. 가운데 뒤로 가까이 보이는 봉우리는 정상 남봉인 늪산(811.5m)이다.
3 싸리골 들목인 만수터 삼거리 다리 오른쪽에 있는 와폭.

교통

경의중앙선 용문역 2번 출구로 나와 500여 m 거리에 있는 양평축산농협 용문지점 앞에서 2-11, 2-2, 2-3번 버스를 타면 봉미산 산행기점인 산음상회까지 갈 수 있지만 각 하루 1회씩만 버스가 다닌다. 자가용으로는 6번국도를 이용하거나 서울양양고속국도 설악나들목으로 나와 양평·단월 방면으로 간다.

볼거리

국립산음자연휴양림 2000년 개장했으며 계곡을 따라 소나무와 삼나무, 잣나무, 전나무, 참나무, 편백나무 등이 식재되어 있다. 야영장과 숙박시설, 등산로, 산림체험코스 등을 갖추고 있어 가족 단위 휴양객들에게 인기가 많다. 숲속 수련관, 숲속 교실 등의 교육시설도 있으며, 산악자전거코스도 있다. 휴양림 뒤편으로 천사봉과 봉미산 등산 코스가 있다.
입장료 어른 1,000원. 야영데크 1만4,000~1만5,000원. 숙박시설 3만2,000~8만7,000원. 비수기 주중과 성수기 및 주말 요금이 각각 다르므로 전화(031-774-8133)로 문의. 매주 화요일 휴무.

24 봉화산 烽火山

높이 875m
위치 강원도 양구군 국토정중앙면
매력 포인트 소양호를 굽어보며

봉화처럼 우뚝 솟은 '국토정중앙'

봉화산은 사명산과 함께 소양호 북단을 에워싸고 있다. 지역을 좁혀 설명하면 양구읍 남쪽 남면에 속한다. 현재의 양구팔경楊口八景은 두타연(제1경), 펀치볼(제2경), 사명산(제3경), 광치계곡(제4경), 파서탕(제5경), 파로호(제6경), 후곡약수(제7경), 생태식물원(제8경)으로 정해져 있지만, 6·25전쟁 전 양구를 대표하는 풍광으로 양남팔경楊南八景이 있었다. 그중 하나가 봉화낙월烽火落月이다. 양구에서 볼 때 서산에 지는 일몰경日沒景과 함께 양구 남쪽으로 보이는 봉화산에서 뜨고 지는 달 풍경이 한 폭 그림과 같다는 뜻이다.

봉화산이라는 이름은 이 산 정상에 조선 선조 37년(1604년)에 봉화대가 설치된 데서 유래되었다. 6·25전쟁 이후 군부대 훈련장(사격장)이 자리해 일반인 출입이 쉽지 않았던 이 산에 2002년 이후 양구군이 설정한 우리나라 국토 정중앙 지점이 생기면서 부분적으로 등산로가 개설되었다. 최근에는 춘천 소양댐선착장에서 공기부양선인 쾌룡호를 타고 양구선착장에 하선하자마자 시작하는 등산로도 선보였다.

봉화산 정상 풍광이 일품이다. 정상을 중심으로 서릉으로 약 500m, 북동릉으로 약 200m 구간에는 시원한 초원이 펼쳐진다. 발 아래로 막힘없이 펼쳐지는 소양호반 조망을 즐기며 산행을 즐길 수 있다. 주민들은 정상 초원지대를 두고 제주도 한라산의 축소판이라 말하기도 한다. 정상 초원지대는 가을 억새산행 코스로도 손색없다.

또한 봉화산 정상에는 봉화대가 눈길을 끈다. 봉화대는 연기가 잘 올라갈 수 있도록 굴뚝형이다. 불을 지피는 아궁이는 서쪽 방향으로 놓았다. 높이 약 3m 규모인 봉화대는 아래쪽은 넓고 위쪽은 뾰족하다.

이 봉화대에서 사방으로 막힘없는 조망이 펼쳐진다. 북으로는 광활한 분지를 이룬 양구가 펼쳐진다. 양구 오른쪽으로는 대암산(1,304m)에서 봉화산으로 달려오는 도솔지맥이 시원하게 터진다. 동으로는 도솔지맥에서 남쪽으로 가지 친 간무봉(612m) 능선이 멀리 설악산(1,708m), 점봉산(1,426m) 등 백두대간과 함께 눈에 닿는다. 남동으로는 춘천지맥인 가마봉(1,192m), 소뿔산(1,108m), 남으로는 소양호 건너 춘천지맥을 끌고 나가는 매봉(800m)과 가리산(1,051m), 남서로는 바위산(858m)과 계명산(763m)이 마주보인다. 서쪽으로는 봉화산 서봉西峰인 870m봉이 시야를 가린다. 북서로는 듬직한 사명산(1,198m)이 하늘금을 이룬다. 사명산 오른쪽으로는 양구분지 서쪽을 감싸고 있는 공수령과 수리봉(596m) 능선이 멀리 화천호 건너 숫돌봉(507m)과 꽃봉(568m) 등과 함께 펼쳐진다.

봉화산은 군사지역인 만큼 평일에는 사격장에서 훈련이 계속된다. 이 때문에 양구군과 관할부대에서는 평일에는 등산을 삼가고, 훈련이 없는 토·일·공휴일에 등산할 것을 권장하고 있다. 양구군은 봉화산 등산로 각 코스에 '양구10년장생길', '소지섭길'이라는 이름을 붙이고 적극 관리하고 있다.

교통
양구군청과 양구시외버스터미널과 거리가 가까워 교통편이 좋다. 시내에서 3, 3-2번 농어촌버스를 타고 석현리정류장에서 하차하면 된다. 국토정중앙천문대를 들머리로 잡을 경우에는 1, 4, 7, 1-1번 버스를 타고 도촌초교 정류장에서 내리면 된다.

볼거리
국토정중앙천문대 대한민국의 중심에서 하늘을 바라볼 수 있도록 한반도 정중앙인 강원도 양구군 국토정중앙면 도촌리 산 48번지 부근에 2007년 건설된 천문대다. 지하 1층, 지상 3층 규모로 지은 국토정중앙천문대에는 특수 제작된 800㎜ 망원경이 설치됐으며, 전시실과 미디어 감상실, 천체 투영실, 주관측실 등 첨단 관측시설이 갖춰져 있다.

1 정상에서 남서쪽 870m봉(왼쪽) 방면으로 약 500m 길이로 이어지는 초원지대.
2 870m봉을 지난 헬기장에서 올려다본 정상.
3 정상 동봉에서 북동으로 본 도솔지맥.
4 국토정중앙 휘모리탑.

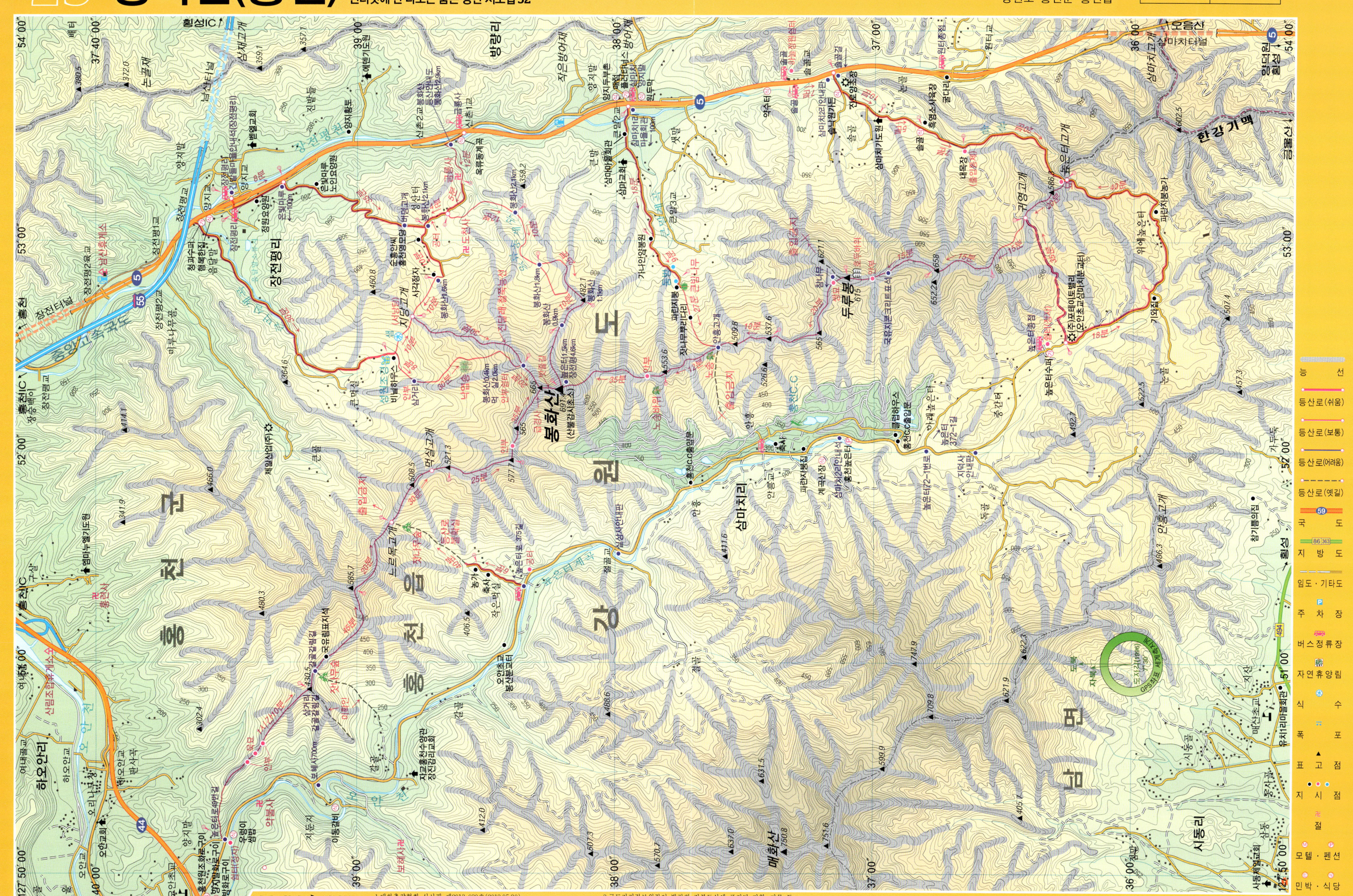

25 봉화산 烽火山

높이 691m
위치 강원도 홍천군 홍천읍
매력 포인트 막힘 없는 정상 조망

홍천의 산불감시탑 역할하는 조망 명산

봉화산은 홍천읍내에서 남쪽 삼마치 방면에 자리하고 있다. 이 산은 이웃하고 있는 매화산과 오음산의 명성에 가려 아직 널리 알려져 있지 않다. 그러나 오래전부터 홍천읍내 등산인들은 이 산을 자주 오르내렸다.

특히 산 이름에 걸맞게 사방으로 막힘없는 조망이 터지기에 봉화산 정상은 홍천군내 산불을 감시하는 곳으로 이용되고 있다. 홍천군청에서 발행한 홍천산행 가이드북에는 홍천 명산 15개 중 하나로 소개되어 있다.

봉화산 등산로는 정상을 중심으로 북동쪽인 장전평리 방면에서는 국도 5호선~큰먹실~정상 북동릉, 국도 5호선~버덩고개~성산터~지당고개~북동릉, 국도 5호선~금룡사~성산터~옥류동계곡~정상 동릉 경유 정상에 이르는 코스가 대표적이다.

높은터 종점에서 정상 남릉 안흥고개 방면은 골프장이 들어서면서 등산로가 폐쇄되었다. 하오안리 양지말에서는 우렁이쌈밥 식당 왼쪽 등기점에서 정상 북서릉인 430.5m봉~585.7m봉~느르목고개 경유 정상으로 향하는 능선길이 대표적이다.

큰먹실 들목인 장전평리長田坪里마을 안내석에는 '긴 밭들'이라 음각되어 있다. 장전평리 버스정류소에서 북쪽으로 약 100m 거리인 청과슈퍼 앞을 지나면 왼쪽 큰먹실계곡 방면 길이 나온다. 큰먹실 계곡은 물이 맑아 여름철 물놀이를 즐기는 장소로 이용된다. 큰먹실마을 상단부 마지막 건물인 상원조경은 사유지다. 상원조경을 지나가야만 큰먹실계곡 상류로 들어갈 수 있으므로 주인에게 양해를 구하고 통과해야 예의일 것 같다. 큰먹실계곡 상단부로 이어지는 길은 대체로 완만하다. 계곡은 온통 잣나무와 낙엽송 숲이 하늘을 가린다. 큰먹실계곡을 거쳐 정상까지 4km 거리이며 2시간 30분 정도 걸린다.

성산터는 장전평리 버스 정류장에서 남쪽으로 2km 거리다. 은빛마루 노인요양원을 지나면 급경사 S자 굽이 길이 서너 곳 나온다. 굽이 길을 다 오르면 U자형으로 패인 절개지 사이를 넘는 버덩고개로 올라선다. 고개 양쪽 절개지 위에는 아름드리 노송들이 운치를 더해 준다. 버덩고개를 뒤로하면 해발 300m인 성안터마을 삼거리 공터가 나온다. 성안터마을은 사방이 성곽 역할을 하는 능선으로 에워싸인 분지를 이루고 있다. 자가용을 이용할 경우 공터 삼거리에 주차한 후 정상을 다녀오는 것이 일반적이다. 장전평리에서 성산터와 지당고개를 거쳐 정상까지 4.5km이며 3시간 정도 걸린다.

금룡사金龍寺 버스정류소에서 하차할 경우 서쪽 아래 장전평천 방면 구 도로로 내려가야 한다. 계단을 내려선 구도로 왼쪽 외딴 건물 방면은 옥류동계곡 합수점이다. 금룡사 입구 작은 주차장을 뒤로하면 옥류동계곡을 거쳐 정상으로 이어진다. 정상까지 3.5km이며 3시간 정도 걸린다. 금룡사는 50여 년 전 혜원慧元 김삼현 스님이 창건했다 한다.

큰말계곡 입구의 삼마치리에는 전설이 전한다. 옛날 이 마을에서 다섯 장수가 나오면 마을에 재앙이 생긴다는 얘기가 있었다고 한다. 마을 사람들은 재앙을 막기 위해 장수가 나지 못하게 하려고 산등성이에 구리를 녹여 붓고 쇠창을 꽂았다. 그러자 땅에서 피가 솟구쳐 오르면서 다섯 가지 울음소리가 사흘 밤낮으로 이르더니 백마 세 마리가 나타나 마을 남쪽 고개를 넘어 어디론가 사라졌다. 이리하여 산 이름은 오음산五音山, 고개에는 삼마치三馬峙라는 지명이 생겼다고 한다.

오음산은 5번국도를 사이에 두고 두루봉 동쪽에 솟은 산이다. 삼마을회관에서 안흥고개를 거쳐 두루봉 정상에 올랐다가 봉화산 정상까지 8km 거리이며, 4시간 정도 걸린다.

솔골松谷은 이름 그대로 옛날 이 지역에 소나무가 많았다는 데서 생긴 것이다. 높은터고개까지 좁은 길이 있어 차량으로 오를 수도 있다. 해발 540m인 높은터고개에는 노송이 군락을 이루고 있다. 솔골을 기점으로 걸어서 높은터고개로 올라 정상까지 8km이며 4시간 정도 걸린다.

44번국도 부근 양지말에서 능선을 타고 정상에 이르는 코스도 있다. 입구에 등산 안내판이나 이정표가 없으므로 주의해야 한다. 정상까지 5km이며 4시간 정도 걸린다.

1 잎갈나무와 활엽수가 섞여 단풍이 고운 봉화산.
2 바위 절벽 틈바구니에 자리한 금룡사 대웅전.

교통

홍천터미널에서 시동행 버스를 타면 5번국도를 따라 봉화산 산행기점을 차례로 지난다. 1일 9회(06:30~18:40) 운행한다. 홍천터미널에서 금룡사까지 6km 거리이므로 택시를 타도 요금은 1만 원을 넘지 않는다.

볼거리

홍천미술관 홍천읍내의 구 홍천군청 건물을 미술관으로 리모델링했다. 바로 옆에 자리한 홍천성당과 함께 홍천의 근대문화유산으로 손꼽히는 건물이다. 1956년 홍천군청으로 건립되었다가 1988년 홍천읍사무소로 사용되었으며 2014년 미술관으로 재탄생했다. 해마다 새로운 주제를 선정해 다양한 작품을 전시하고 있다. 미술관 정원에는 보물 540호인 괘석리 사사자 삼층석탑과 보물 79호인 희망리 삼층석탑이 전시되어 있다. 입장료는 무료이며 매주 월요일과 공휴일은 휴관이다.

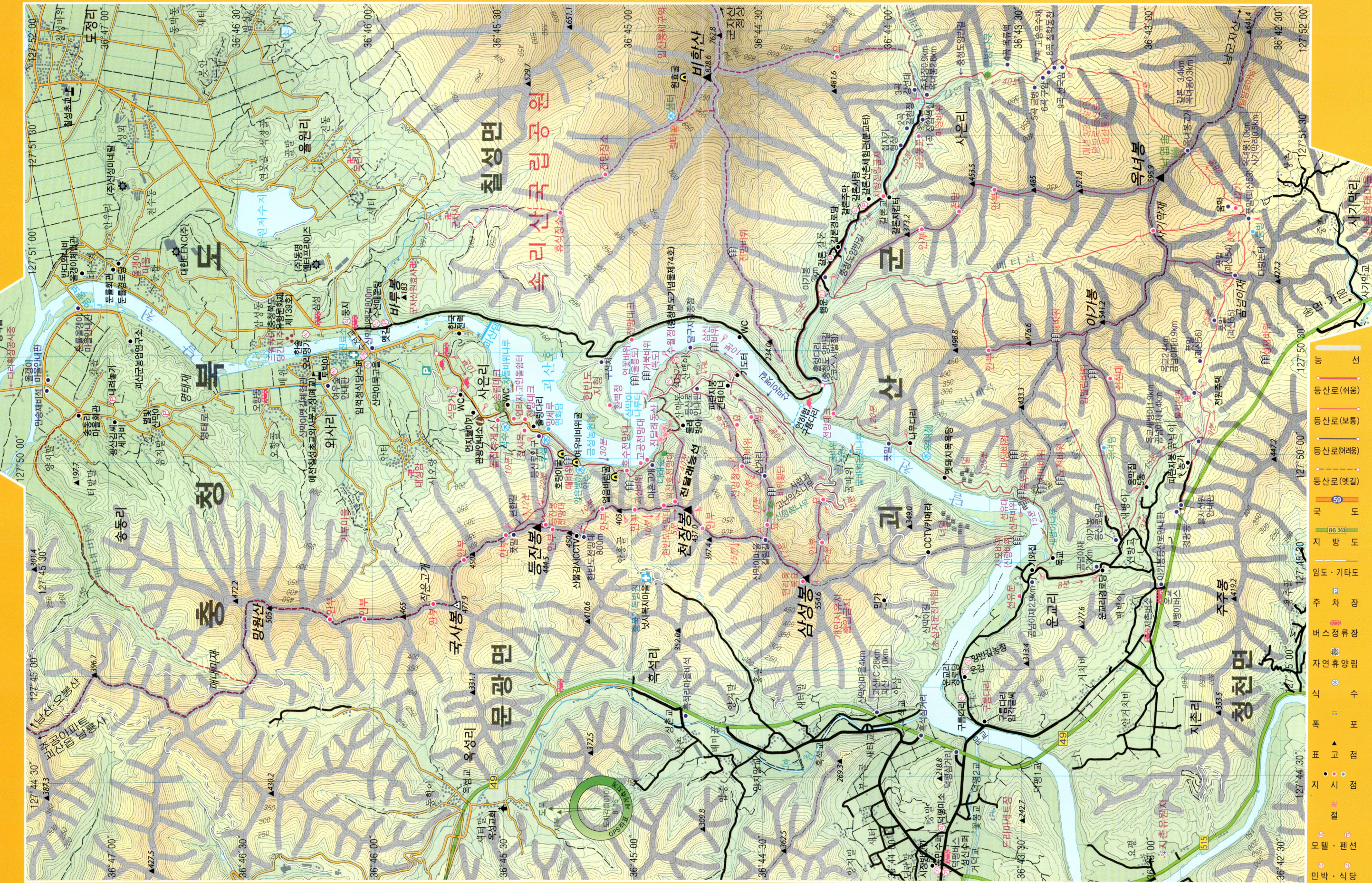

26 삼성봉 三星峰
산막이 옛길

높이 555m
위치 충북 괴산군 문광면·칠성면·청천면
매력 포인트 명품 등산로&걷기길

한반도 닮은 괴산호를 끼고 걷는 맛

충북 괴산군 청안면 장암리 칠보산(542m, 괴산군 칠성면 태성리에 있는 칠보산과 이름이 같다)을 지나는 한남금북정맥이 북으로 약 1.5km 거리에 이르면 동쪽으로 능선 하나를 분가시킨다. 이 동쪽 능선이 장자봉(421m)을 지나 435m봉에 이르면 남동으로 대산(647m)을 또 분가시킨다. 대산에서 산릉은 북서로 틀어져 치재(49번국도가 지나는 치재터널 위)를 지난 445m봉으로 이어진다.

445m봉에서는 능선이 북과 남으로 나누어진다. 445m봉에서 남으로 방향을 잡은 능선으로 망원산(505m)~국사봉(477.9m)~등잔봉(444.5m)~천장봉(437m)을 지나 가장 끝머리에 빚어진 산이 삼성봉三星峰(554.6m)이다.

삼성봉 일원은 동쪽 달천 건너 비학산, 군자산, 아가봉, 옥녀봉과 마주보고 있다. 이 산들은 모두 속리산국립공원에 속한다. 속리산국립공원에 속하는 산들은 봄과 가을이면 산불예방을 위한 입산금지 조치가 내려지고 있다. 반면 삼성봉 일원은 국립공원경계 밖이기 때문에 입산금지 조치에 영향을 받지 않는다. 여기에다 괴산호를 끼고 이어지는 산막이 옛길과 충청도 양반길이 워낙 인기가 좋아 사계절 탐방객들의 발길이 끊이질 않는다.

삼성봉은 석 삼三에 별 성星을 쓴다고 한다. 그러나 이 산 들목인 외사리 수전교 서쪽에 세워진 '외사마을 유래비'에는 '강 동쪽에는 삼성사三省寺라는 큰 절이 있다'는 내용이 나온다. 마침 삼성사 터에서 달천 오른쪽으로 삼성봉이 보이기도 한다. 그래서 삼성산의 이름이 석 삼三에 살필 성省을 써서 '삼성봉三省峰'이 아닌가 하는 생각도 해보게 된다.

삼성봉 일원은 산막이 옛길 외에 볼거리도 많다. 첫째는 삼성봉 북릉에서 조망되는 괴산호반에 펼쳐진 한반도지형이다. 다음으로는 삼성사 터 당간지주, 산막이마을의 수월정과 삼신바위, 충청도 양반길의 선유대와 사모바위, 그리고 갈은구곡 풍광들이 그것이다.

등잔봉과 삼성봉으로 오르는 등산로는 산막이 옛길 초입인 차돌바위나루 입구를 지난 노루샘에서 등잔봉을 오른 다음, 등잔봉 남릉을 타고 한반도전망대~천장봉 경유 삼성봉에 오르는 코스가 가장 많이 이용된다. 노루샘에서 산막이 옛길~진달래동산~진달래능선(천장봉 동릉)을 거쳐 천장봉에 오른 다음 삼성봉이나 등잔봉으로 향하는 등산로도 인기가 좋다.

또 다른 코스로는 산막이 옛길 경유, 또는 차돌바위나루에서 배편으로 산막이마을로 들어간 다음, 삼성봉 북동릉을 타고 삼성봉에 오르는 코스가 있다. 어느 코스로 오르건 산막이마을로 내려선 경우에는 산막이나루에서 배를 타고 차돌바위나루로 나오는 코스가 인기 있다.

산막이마을에서 달천 건너에 있는 갈론마을 입구(연화협·예전 갈론나루) 주차장 동쪽 출렁다리를 건너 남쪽 달천변 오솔길을 걷는 '충청도 양반길'도 인기가 좋다.

충청도 양반길은 갈론마을 입구를 출발해 남쪽 달천변길~옥녀계곡 입구~선유대~운교리 새뱅이마을~곰넘이재~사기막리에 이른 다음, 북쪽 옥녀봉 산허리를 넘는 옥녀봉고개~갈은구곡 경유 다시 갈론마을 입구 출렁다리로 나오는 원점회귀 둘레길이다. 산막이마을에서 갈론마을 입구까지는 연하협 구름다리를 건너면 된다.

1 삼성봉 북동릉 전망장소에서 펼쳐지는 괴산호. 멀리 성불산과 박달산이 보인다. 한반도지형 오른쪽 작은 섬은 울릉도(연꽃바위)와 독도(거북바위)에 비유된다.
2 천장봉 정상에서 남으로 본 삼성봉과 삼성봉 북동릉(왼쪽).
3 앉은뱅이약수를 지난 고공전망대. 깎아지른 40m 절벽 위에 세워진 망루다.

교통

동서울터미널에서 괴산시외버스터미널까지 1일 6회(첫차 06:50, 막차 19:30) 버스 운행. 요금 1만 2,100원. 괴산버스터미널에서 등산로 입구까지는 택시를 이용하는 게 낫다. 자가용으로는 중부내륙고속국도 괴산나들목이나 연풍나들목으로 나오면 가장 가깝다.

볼거리

수월정 조선 중기의 문신이며 학자인 노수신盧守愼(1515~1590)이 을사사화로 인해 유배 와서 머물던 곳이다. 건물은 정면 3칸, 측면 2칸의 팔작지붕집으로, 본래는 연하협(갈론마을 입구)에 있었으나 1957년 괴산수력발전소의 건설로 수몰되자 지금의 자리로 옮겨 세운 것이다. '수월정'이란 현판이 걸려 있다. 수월정에서는 남서쪽 산막이마을 식당가 위로 삼성봉 북동릉과 서쪽 천장봉이 올려다 보인다. 충청북도기념물 제74호.

갈은구곡 옛날 선비들이 자연을 벗 삼아 풍류를 즐겼던 명소. 제1곡 장암석실場巖石室, 제2곡 갈천정葛天亭, 제3곡 강선대降僊臺, 제4곡 옥류벽玉溜壁 등 9개 곡이 있다.

27 샛등봉 신선봉

높이 895m, 1,011m
위치 강원 춘천시 사북면, 화천군 사내면
매력 포인트 '곡운구곡' 용담계곡

1 용정쉼터 동쪽 56번국도에서 지촌천 건너로 본 망단리계곡 들목.
2 신선봉 정상을 장식하고 있는 기암. 일명 물개바위로도 불린다.
3 샛등봉 북동릉으로 오르는 지능선 갈림길 직전 삼지목三枝木.

큰물안골과 망단리계곡 사이에 솟은 산… 때문지 않은 비경

샛등봉은 강원도 춘천시 사북면과 화천군 사내면 경계를 이루는 산이다. 이 산의 모산은 화악산 동쪽에 솟은 응봉(1,436.3m)이다. 샛등봉이란 산 이름과 해발 높이는 국립지리정보원 발행 지형도에는 표기가 안 되어 있다. 그러나 샛등봉은 예부터 용담리 주민들이 불러온 산 이름이다.

샛등봉 정상으로 치는 895m봉에서 북쪽으로 뻗어 내린 능선을 중심으로 서쪽엔 큰물안골, 동쪽에는 망단리계곡이 있다. 즉 큰물안골과 망단리계곡 '사이'에 솟은 산이므로 '사이'의 모음 축약된 '샛'과 능선의 순수한 우리말인 등성이의 '등'을 합해 샛등봉이라 이름 지어졌다고 전해진다.

샛등봉 북단은 서쪽에서 동쪽으로 흐르는 지촌천으로 가로막혀 있다. 지촌천은 남서쪽 화악산과 석룡산, 서쪽에서 시계 방향으로 이어지는 한북정맥상의 도마치봉과 백운봉 상해봉 복주산 두류산 등에서 발원한 수십 가닥에 달하는 물줄기들이 합수되어 흐르는 제법 큰 물줄기다.

서쪽 산간지역에서 동쪽 북한강 방면으로 서출동류西出東流하는 지촌천 일원은 비경지대가 연속적으로 이어진다. 그래서 옛날에는 시인묵객들로부터 '곡운구곡谷雲九曲'이라는 별칭을 얻기도 한 곳이다.

샛등봉 일원 남쪽은 민간인 출입금지구역인 화악산 줄기에 가로 막혀 있다. 샛등봉 북으로는 지촌천이 가로막혀 산으로의 접근이 쉽지 않다. 이렇듯 그동안 접근이 쉽지 않았던 만큼 천혜의 자연미가 거의 완벽하게 살아 있는 곳이다.

지촌천은 여름철 피서지로 유명하다. 여기에다 안방으로 비유되는 지촌천을 건너가야만 접근이 되는 샛등봉 산줄기 사이사이로 패어 내린 큰물안골, 망단리계곡, 샘치골, 절골 등은 냉장고 역할을 하기 때문에 무더위쯤은 아랑곳없이 여름산행을 즐길 수 있다.

샛등봉 등산은 북쪽 지촌천에서만 가능하다. 지촌천변으로는 춘천과 화천 방면에서 사창리로 연결되는 56번국도가 있다. 이 국도에서 지촌천을 건너 샛등봉 방면으로 다리가 있는 곳은 한 곳이다. 샛등봉 북서쪽 용담리 물안교가 그것이다.

화천군 사내면 용담리 방면에서는 물안교~큰물안골~큰폭포~샛등(북릉), 큰물안골~샛등, 용정쉼터(방화계)~망단리계곡~북동릉 경유, 샛등봉에 오르는 코스가 대표적이다. 샛등봉 북동쪽 춘천시 사북면 오탄리 방면에서는 우레골(오탄 3리) 시내버스 종점을 등기점으로 명류동~샛등봉 북동릉, 샘치골~샛등봉 남릉 경유 샛등봉에 오르는 코스가 전부다.

신선봉은 샘치골~샛등봉 남릉~1,025m봉, 절골 갈림길~정상 신선봉 북동릉(샘치골과 절골 사이 능선) 경유 정상에 오르는 코스가 대표적이다. 유의할 것은 샛등봉과 신선봉을 이어주는 1,025m봉에서 서쪽 화악산 응봉 방면 능선과 신선봉에서 남쪽 원평리 사자골 방면은 군사시설로 출입금지구역이라는 점이다.

교통

춘천시외버스터미널에서 지촌정류소행 시외버스를 갈아탄다. 지촌정류소에서 내려 약 25m 거리에 있는 사북우체국 정류소에서 '사북1번' 마을버스를 타면 우레골(오탄3리) 들머리로 갈 수 있다.
물안교 들머리까지는 사북1번 버스 종점인 오탄2리 정류소에 내려 약 4.8km를 걸어야 한다. 여러모로 자가용을 이용하는 편이 낫다.

볼거리

용담계곡 화천 사창리에서 춘천 지촌 쪽으로 가는 56번국도 옆으로 흐르는 지촌천이 바로 용담계곡이다. 이곳은 '곡운구곡谷雲九谷'이라고 불리기도 하는데, 곡운구곡이란 명칭은 조선 후기의 문신이자 성리학자인 김수증이 지었다. 그는 1670년경 관직을 버리고 화천에서 은둔생활을 하면서 용담계곡의 절경 9곳을 찾아서 '곡운구곡'이라고 명명했다고 전해진다.
제1곡은 방화계다. 봄에 강가에 피는 철쭉이 아름다운 곳이다. 제2곡은 청옥협으로 맑은 물길이 길게 이어지는데 중간에 용정쉼터라는 곳이 있다. 제3곡은 신녀협이다. 곡운이 평소 흠모하던 김시습이 머물던 곳이며, 그의 호를 따서 지었다는 청은대가 있다. 이밖에도 제4곡 백운담, 제5곡 명옥뢰, 제6곡 와룡담, 제7곡 명월계, 제8곡 융의연, 제9곡 첩석대가 있다.

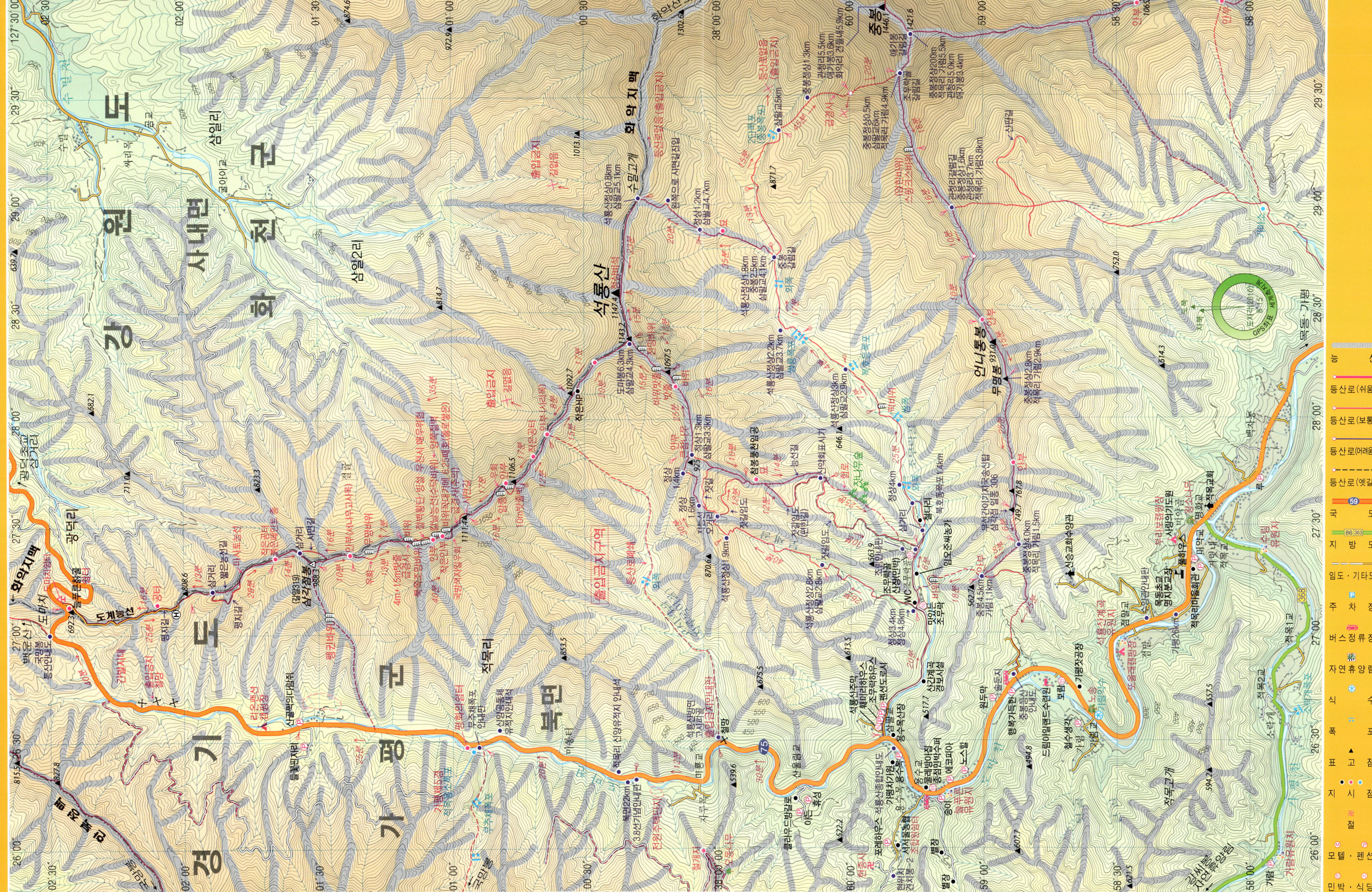

28 석룡산 石龍山

높이 1,147m
위치 강원도 화천군 사내면
경기도 가평군 북면
매력 포인트 조무락골 계곡

새들이 춤추듯 날아오른다는 '조무락골' 유명… 명품 피서지

석룡산은 돌로 된 용이라는 이름이 사뭇 위압차고 높이 또한 만만치 않지만 유명세는 다소곳한 산이다. 이는 동쪽에 솟은 화악산의 명성에 가려졌기 때문이다. 사실 이 산은 화악산의 한 봉우리라 해도 좋을 만큼 화악산과 바로 맞닿아 있다. 수밀고개에서 화악산으로 이어지는 화악지맥이 출입금지(군부대 주둔)만 아니었더라면 두 산을 연계하는 주요 등산로가 됐을 공산이 크다.

적목리 북동쪽을 에워싸고 있는 석룡산을 중심으로 강원도 화천군 사내면 삼일리에는 용담천 용담계곡으로 흐르는 수밀천, 남으로는 화악산 정상에서 발원한 조무락골, 서쪽에는 도마치에서 발원한 도마천(가평천 최상류) 등이 산을 적시고 있다.

석룡산이 등산객들에게 널리 알려지게 된 것은 남쪽 기슭의 '조무락골' 덕이다. 이곳은 1990년대 등산 붐이 거세게 일어나면서 전국 오지 순례 열풍이 불 때 크게 조명됐다. 조무락골은 이름 그대로 새들이 즐겁게 춤추듯 날아오르며 노래하고 즐기는 골짜기라는 뜻이다. 이 골짜기에는 복호동폭포, 쌍룡폭포, 중봉폭포를 비롯해서 크고 작은 소沼와 담潭이 숲 터널 아래로 염주 알처럼 이어진다. 그래서 폭염을 걱정해야 하는 여름철 산행에서 무더위를 쫓는 탁족濯足을 즐기기에 그만이다.

조무락골은 일제 강점기에는 굉장한 오지였다고 한다. 그래서 일제 때에는 양평 용문산에서 활동했던 백백교 교인들 살인사건 후, 일부 교인들이 조무락골로 숨어들어와 살기도 했다고 한다. 계곡 길은 대부분 자연석들이 촘촘하게 박혀 있는 산판 길로 이어진다. 이 산판 길은 일제 강점기 초기에 일본인들이 조무락골을 뒤덮고 있던 거목들을 베어내 실어 나른 흔적이다.

석룡산의 대표 등산로는 조무락골을 따라서 만들어져 있다. 1코스 삼팔교~조무락골~부채골 입구~조무락골 산장~복호동폭포~중봉 갈림길~수밀고개, 2코스 삼팔교~조무락골~부채골~925m봉 서릉~925m봉 동쪽 안부~정상 서봉 경유 정상, 3코스 조무락골 산장~925m봉 남릉 임도(잣나무숲)~925m봉 동쪽 안부~정상 서봉(1,143m봉)~정상으로 오르고 내리는 코스들이 그것이다. 대부분 3코스로 올라가 1코스로 내려오는 게 일반적인 석룡산 등산이다.

서쪽 방향인 도마치계곡 삼팔교 북쪽 약 1.5km 거리에서 동쪽 고시피골(자루목이골이라 부르기도 한다)~석룡산 서북릉~정상 서봉 경유 정상으로 연결되는 코스는 자연보호를 위해 등산로가 폐쇄되어 있다.

석룡산 북서쪽에서는 75번국도가 넘나드는 도마치고개에서 정상 북서릉인 988.3m봉(일명 삼각점봉)~수덕바위~1111.4m봉~1106.5m봉~고시피골 갈림길(일명 싸리목 안부)~정상 서봉 경유 정상에 오르는 코스가 대표적이다.

교통

경춘선 가평역에서 산행 들·날머리로 가는 방법은 여러 가지다. 15-5번 버스를 타면 환승 없이 한 번에 용수동종점으로 간다. 15, 15-3, 15-4, 1330-3번 버스는 각각 목동터미널, 제령리상촌, 범바위, 목동터미널 정류장에서 50-5번 버스로 환승한 뒤 솔둔지 정류장에서 내리면 된다.

볼거리

적목용소폭포 적목용소폭포는 '가평 8경' 중 제5경으로 지목되었을 정도로 그 풍광이 매우 빼어나다. 떨어지는 폭포수로 인해 파인 약 수심 6m의 깊은 소에서 이무기가 살다가 용이 되어 승천하던 중 임신한 여인에게 목격돼 승천하지 못하고 낙상하여 소를 이루었다는 전설을 가지고 있다. 가을철에는 주변 단풍이 아름답게 어우러져 등산객들이 사진을 많이 찍는 곳으로도 유명하다.

도마치 일출전망데크 화천군에서 도마치 고갯마루에 일출전망데크를 설치해 놓았다. 전망대에서 남동쪽 화악산 등허리 위로 떠오르는 일출과 월출 풍광이 인기를 얻고 있다.

1 조무락골 상단부 쌍룡폭포. 2 서봉에서 본 석룡산(좌)과 화악산(우). 3 적목용소폭포.

29 선녀봉 仙女峰 / 불명산 佛明山

높이 666m, 477m
위치 전북 완주군 운주면·경천면
매력 포인트 대활골·신흥계곡 품은 여름 피서지

1 써레봉 서릉 581.8m봉(암봉)에서 북동으로 본 암릉. 써레봉 정상은 오른쪽 너럭바위 암봉에 가려 보이지 않는다.
2 화암사 우화루(보물 제662호) 앞에서 오른쪽(북동쪽) 명부전 위로 보이는 불명산 북서릉인 금강정맥.
3 절골 하산 길 큰 합수점 못미처에 자리한 멍석폭포.

전주 지역의 인기 암릉산행 코스

금강정맥 선녀남봉에서 서쪽으로 가지쳐 나아간 날카로운 암릉이 하나 있다. 이 암릉에서 가장 높은 암봉이 써레봉(660m)이다. 써레봉은 지형도상에는 표기가 돼 있지 않다. 선녀봉仙女峰(665.9m)은 선녀남봉에서 북쪽으로 약 350m 거리인 665m봉에서 금강정맥을 벗어나 북동쪽으로 약 750m 거리에 솟아 있다. 따라서 금강정맥을 경계로 서쪽 완주군 경천면에는 써레봉이, 동쪽 운주면에는 선녀봉이 각각 자리하고 있다.

써레봉은 예전부터 전주 지역의 암릉산행 코스로 인기가 좋았다. 써레봉이란 이름은 뾰족한 바위 봉우리들이 일렬로 늘어선 모습이 농기구인 써레를 뒤집어 놓은 듯하다 해서 생긴 것이다.

선녀봉과 써레봉은 각각 칠백이고지 북쪽에서 발원한 물줄기 두 개가 흘러내리며 패어 놓은 아름다운 계곡들을 품고 있다. 선녀봉은 남동쪽 대활골(지형도에는 대궁동大弓洞으로 표기)을, 써레봉은 산자락 남서쪽에 패어 내린 신흥계곡新興溪谷을 품고 있다. 골이 길고 깊은 대활골과 신흥계곡은 청정지역으로 전주 지역 주민들이 여름철 물놀이를 겸한 피서지로 인기 있다.

선녀봉이 동쪽으로 가지쳐 나아간 금강정맥상의 665m봉에서 북으로 약 2.5km 거리에 위치한 불명산佛明山은 천년고찰 화암사花巖寺로 유명하다. 신라 때 창건되었다는 화암사에는 국보와 보물로 지정된 극락전과 우화루 등이 볼거리이다.

불명산 들목인 가천리 싱그랭이마을은 곶감과 두부 특산지로 유명하다. 당도가 뛰어나고 자연건조시킨 '싱그랭이 두리곶감'은 옛날 임금에게 바쳤다는 진상품으로 유명하다.

선녀봉 등산코스는 주능선인 금강정맥을 경계로 서쪽 경천면 가천리와 동쪽 운주면 금당리 방면 코스들이 많이 이용된다. 금강정맥 서쪽 가천리 방면에서는 구재마을~신흥계곡~절골 너럭바위~써레봉 서봉~써레봉~선녀남봉~665m봉, 구재마을~신선 남봉 남서릉~써레봉 서봉 서릉~써레봉~선녀남봉~665m봉 경유 선녀봉, 또는 선녀남봉에서 선녀봉으로 가지 않고 남쪽 금강정맥 575m봉 방면 안부~절골 멍석폭포~너럭바위 삼거리~신흥계곡 경유 구재마을 코스가 대표적이다.

금강정맥 동쪽 금당리에서는 궁동경로회관~대활골~임도 삼거리~북서쪽 임도~선녀봉 남서릉 안부~안부 동쪽 헬기장 경유 선녀봉에 오른 다음, 선녀봉 북릉 경유 궁동경로회관으로 내려서는 원점회귀 코스가 대표적이다.

불명산은 가천리 싱그랭이마을~ 화암사~불명산 서릉 경유 불명산 정상을 거쳐, 북서쪽 금강정맥~시루봉~장선리재~남쪽 임도~화암사 입구 경유 싱그랭이마을 하산 원점회귀 코스가 대표적이다.

교통

호남고속도로 양촌나들목으로 나와 697번 지방도를 이용해 운주면 방향으로 간다. 운주우회도로교차로에서 구제리 방향이나 금당리 방향으로 선택해 갈 수 있다. 대중교통으로 각 등산머리로 가는 것이 매우 불편하다. 운주면 읍소재지에서 택시를 타는 편이 낫다.

볼거리

화암사 조선 세종 23년(1441년) 쓰고 선조 5년(1572년)에 세워진 화암사 중창비에 원효대사, 위상대사, 윤필거사가 이 사찰에서 수도했다는 기록이 있는 걸로 보아 화암사는 신라 진덕여왕 3년(649년)에 창건된 것으로 추정하고 있다. 화암사는 옛날 이곳 반석 위에 모란꽃이 피었기 때문에 생겼다는 설이 전해진다. 화암사 극락전極樂殿(국보 제316호)은 명나라 건축양식으로 지은 국내 유일의 건물이다. 광해군 때 호영스님이 주조했다는 높이 107cm에 지름 70cm인 동종銅鐘(전북 유형문화재 제40호)은 임진왜란 때 왜구들이 무기로 쓰려고 징발하러 몰려오자 종이 스스로 종소리를 울려 스님들이 땅속에 묻었다가 해방 후에 파냈다 전한다.

30 성치산

인터넷에 안 나오는 숨은 명산 지도첩 52

충남 금산군 남일 · 남이면 / 전북 진안군 주천 · 용담면

편집 : 월간 山 편집실
1.대한측량협회 심사필 제2015-047호(2014.06.19)
2.본 지도는 국토지리정보원 간행 1:25,000 지형도를 기도로 사용하였음.
3.국토지리정보원장이 간행한 기본도상에 표기된 지형, 지물 등 이외의 자료는 발행자가 수집 또는 조사 표기한 것임.
제작 : 고산자의 후예들

30 성치산 城峙山

높이 670m
위치 충남 금산군 남일면·남이면, 전북 진안군 주천면·용담면
매력 포인트 12개 폭포의 청량감

더위를 날려버리는 12개 폭포 여행

충남 금산과 전북 진안 경계에 솟은 성치산은 12개의 폭포가 더위를 날려버린다. 여름 계곡산행에 알맞은 산행지다. 성치산은 크게 정상(670m)과 성봉(645m)으로 나뉘며, 12폭포가 있는 무자치골과 성봉을 잇는 산행을 많이 한다. 성봉이 산행의 정상을 대신하는 셈이다.

금산8경으로 손꼽히는 12폭포는 무자치골 내에서도 1km 구간에 몰려 있다. 폭포 중 하이라이트는 5번째인 죽포동천폭포다. 옛 문헌에서도 이태백의 시구를 가져와 이 폭포의 아름다움을 치켜세웠을 정도로 이름 높다.

성치산과 성봉 산 이름 유래는 정확하지 않다. 금산군에서 성봉 정상에 설치한 성봉 안내판에는 '…전략 … 두 봉우리에 모두 성城자가 들어 있지만 성이 눈에 띄지 않는다'는 내용이 쓰여 있다. 성치산과 성산 사방 어디에도 성곽 흔적은 전혀 보이지 않는다.

그런데 산 아래 사기소마을에서 1846년에 태어나 48세 때인 1894년 일어난 동학란 때 의병활동을 한 지곡 박기서 행의비行義碑에는 '전략…십이폭포가 있는 절경인 무지봉茂芝峰 골짝에서 생장하였다 하여 호號를 지곡芝谷…'이라는 내용이 음각되어 있다. 따라서 성봉의 옛날 이름이 '무지봉'이었을 것으로 추정하기도 한다.

특히 성봉은 예나 지금이나 여름철 뜨거운 불 같은 더위를 뜻하는 염천炎天을 잊게 하는 계곡산행 코스가 인기 있다. 그도 그럴 것이 성봉 북사면 무자치골에는 폭포가 12개나 이어져 있기 때문이다. 무자치골 12폭포는 '금산 8경'에 들 정도로 흔치 않은 풍광과 시원함을 느낄 수 있는 명소이다.

〈금산군지〉를 비롯한 이 지역 옛 문헌들을 보면 '비류직하삼천척飛流直下三千尺'이라는 이태백의 시구를 가져와 이곳 폭포들의 아름다움을 치켜세우고 있다. 또한 능선에는 암릉과 노송이 어우러져 산행은 지루할 틈이 없다.

12개의 폭포는 저마다 이름을 갖고 있다. 죽포동천폭포 상단부 구지소 유천폭포 옆 너럭바위에는 '시원한 바람을 허리춤에 차고 있다'는 뜻인 '풍패風佩'라고 음각되어 있다. 제7폭인 고래폭포는 흘러내리는 물줄기가 마치 수염고래 입처럼 생겼다 하여 지어진 이름이다.

제8폭인 명설폭포는 하얀 포말을 일으키는 폭포수가 겨울철 세차게 불어대는 눈보라雪 소리鳴 같다 하여 지어진 이름이다. 제9폭인 운옥폭포는 경사진 너럭바위에 담潭 6개가 연이어져 있다. 제10폭인 거북폭포는 계곡길 쪽 바위가 거북 머리이고, 그 오른쪽 담이 거북의 몸체라고 한다. 제11폭인 금룡폭포는 암반 위로 흘러내리는 긴 물줄기가 비단錦색 용 같다고 하여 지어진 이름이다.

제12폭인 산학폭포는 신선이 학을 타고 하늘로 오르는 모습이라 해석해서 이름이 지어진 것이다.

이곳 주민들은 폭포 아래 크고 작은 담과 소들을 말에게 물 먹이기에 좋은 곳이라 해서 '말구쇠'라 부르고 있다.

성치산 등산코스는 신동리 사기소마을~무자치골 제6폭 구지소 유천폭포~제 11폭 금룡폭포~525m봉 북서릉~신동봉~성봉 북릉, 구석리 모티마을~무자치골 제5폭 죽포동천폭포~제6폭(구지소 유천폭포)~525m봉 북서릉 갈림길~제12폭 산학폭포~신동봉 갈림길~신동봉~성봉 북릉, 신동봉 갈림길~무자치골 상류 삼거리~635m봉 북릉 경유 성봉을 오르고 내리는 코스들이 가장 많이 이용된다. 이 경우 산행을 길게 하려면 성봉~635m봉~성치지맥~성치산 정상으로 향하면 된다. 이 경우 하산은 용덕고개에 이른 다음, 북쪽 흑암리 광대정, 남쪽 용덕리로 향하면 된다. 흑암리에서 등산코스는 상기 코스를 역으로 광대정마을~용덕고개~성치지맥~성치산 정상~공터 삼거리~635m봉 경유 성봉에 이르는 종주코스 하나뿐이다.

신동리 사기소마을을 기점으로 무자치골 제6폭 구지소 유천폭포를 지나 525m봉을 거쳐 성산 정상까지 5.5km이며 3시간 정도 걸린다. 모티마을 구석1리경로당에서 무자치골을 경유하여 653.5m봉에 이른 후 성봉 정상에 이르는 코스는 6.5km이며 3시간 30분 정도 걸린다. 용덕리 용덕고개에서 능선을 따라 오르면 성치산 정상을 거쳐 성봉 정상까지 종주할 수 있다. 6.5km이며 5시간 정도 걸린다.

교통

서울고속버스터미널에서 금산행 버스가 하루 4회(06:30, 11:30, 13:30, 18:40) 운행한다. 2시간 30분 정도 걸린다. 금산터미널에서 12폭포 입구 모티마을까지 12km 거리이다. 금산터미널에서 모티마을을 거쳐 대양리, 광대정 등으로 가는 농어촌 버스가 하루 7회(06:20~17:50) 운행한다.

볼거리

금산역사문화박물관 2018년 개관한 비교적 최근에 건립된 박물관이다. 금산읍내에 자리하고 있으며 1층은 역사관, 2층은 생활민속관으로 운영되고 있다. 주로 금산에서 출토된 유물과 세계 각지의 유물 등 650여 점이 전시되어 있다. 상설전시 외에 특별전시와 교육프로그램, 문화예술 공연 등 다양한 볼거리와 체험 프로그램을 진행한다.

1 12개 폭포 중 가장 규모가 큰 제5폭 죽포동천폭포.

2 신동봉 부근의 낙타등바위. 신동저수지가 드러난다.

31 수원산

인터넷에 안 나오는 숨은 명산 지도첩 52

경기도 포천시
군내면 · 화현면 · 가산면 · 내촌면

1:25,000

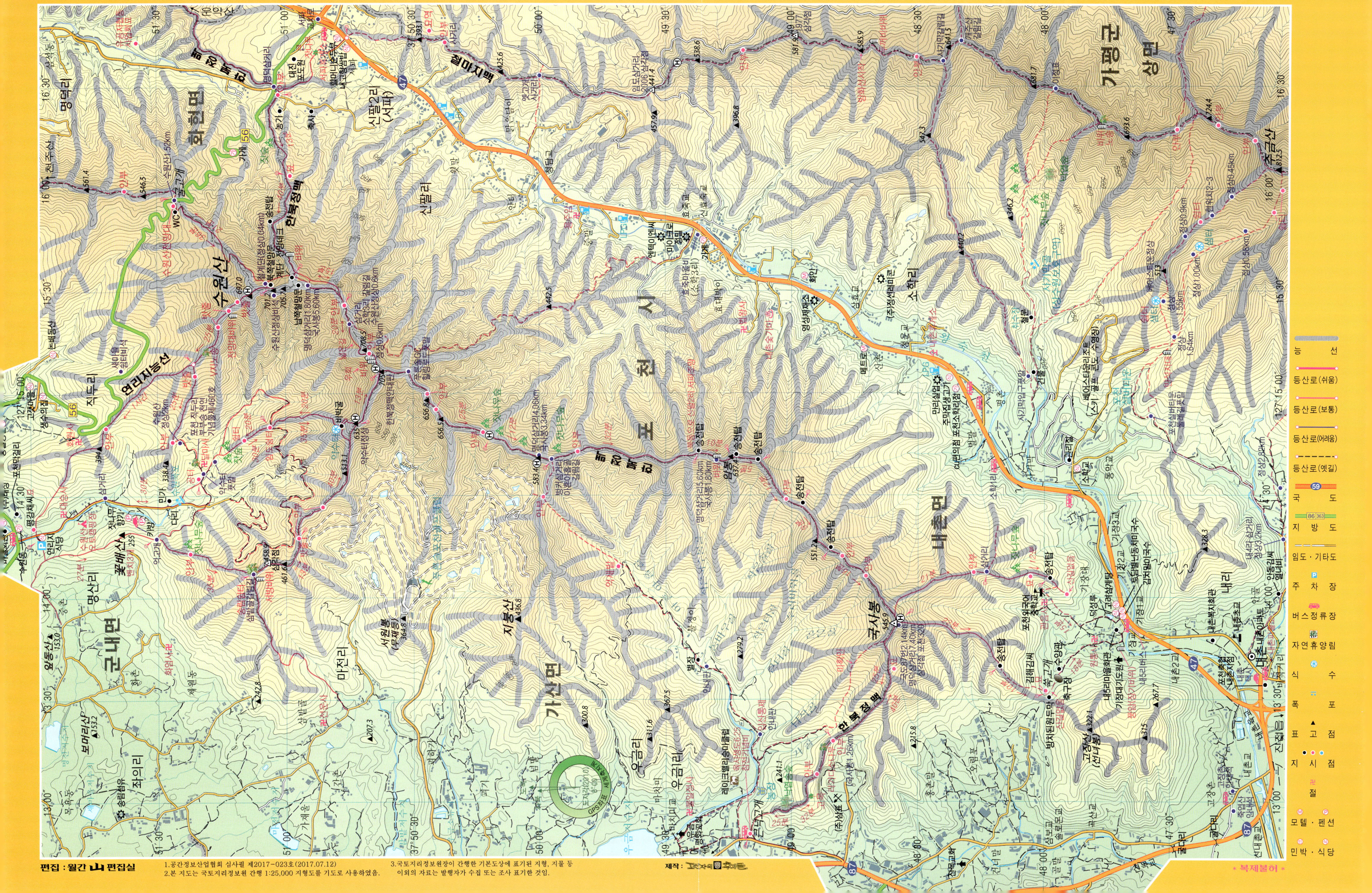

31 수원산 水源山

높이 710m
위치 경기도 포천시 내촌면·군내면·화현면
매력 포인트 천연기념물 부부송 &여름 탁족산행

포천시민의 목마름을 채워 주는 산…수원폭포, 서방바위, 부부송 등 볼거리 풍부

수원산은 꼭 경기도 수원시에 있을 것만 같은 이름이지만 실제로는 포천시의 동쪽을 성곽처럼 에워싸고 있는 산이다. 운악산 남서쪽 한북정맥이 지나는 명덕삼거리(포천 방면 굴고개를 넘어 온 56번 도로가 북쪽 화현면 명덕리 방면 길과 만나는 지점)를 지나 처음 솟구친 산이다.

수원산에서 남으로 계속 이어지는 한북정맥은 약 6km 거리인 국사봉國師峰(546m)을 지나 큰넉고개(87번국도 지나감)~작은넉고개~죽엽산(622m)으로 이어진다.

수원산은 서쪽 포천천 방면으로 흐르는 구읍천 발원지다. 산 이름에 걸맞게 갈수기에도 어지간해서는 물이 마르지 않는다. 정상 동남쪽 신팔리 서파마을 골짜기는 남양주시를 가르며 한강으로 향하는 유명한 왕숙천王宿川 시발점이기도 하다. 포천천과 왕숙천 발원지인 수원산계곡은 유원지로 지정되어 있다. 그래서 여름철이면 탁족을 즐기는 이들이 적지 않게 찾는다.

산기슭에는 천연기념물인 부부송, 기암인 서방바위, 물이 나올 것 같지 않은 9부 능선 상의 약수터(석간수), 비박굴, 포천시내가 한눈에 조망되는 굴고개 수원산전망대 등 볼거리가 많다. 또한 수원산은 운악산에서 죽엽산으로 한북정맥을 연결하는 다리 역할을 하기도 한다.

수원산은 정상을 중심으로 서북쪽 포천시내 방면인 군내면 직두2리 기점 등산로들이 가장 많이 이용된다. 직두2리에서는 수원산계곡 들목인 연리지주차장에서 남쪽 꽃배산능선~서방바위~약수터 정상~한북정맥~명덕삼거리 갈림길, 연리지주차장~수원폭포계곡~부부송마을 입구~약수터~약수터 정상~한북정맥~명덕삼거리 갈림길, 부부송마을 입구~부부송~697m봉 서북릉~697m봉~정상 북릉, 연리지주차장~697m봉 서북릉~697m봉~정상 북릉 경유 정상비석봉에 오르는 코스들이 대표적이다.

정상비석봉 북쪽에서는 직두3리와 화현면 명덕리 경계인 굴고개 수원산전망대에서 정상 북동릉 군사도로 경유 정상비석봉에 오르는 코스가 유일하다. 산 동쪽 내촌면 신팔리에서는 서파마을~명덕삼거리 방면 철마지맥~명덕삼거리~서쪽 한북정맥 경유 수원산 정상 코스와 산 남쪽 국사봉으로 이어지는 한북정맥 종주코스 등이 많이 이용되고 있다. 흔히 정맥꾼들이 한북정맥 6구간으로 분류하기도 한다.

한편 수원산 정상석이 들어선 곳은 진짜 정상이 아니다. 수원산의 진짜 정상은 군부대 안에 있어 들어갈 수 없다. 수원산 정상석과 국사봉 정상석은 블랙야크 한북정맥 인증장소이기도 하다.

교통

서울에서 포천으로 이동하는 방법은 두 가지다. 서울고속버스터미널에서 직행버스를 타거나, 청량리역환승센터에서 출발해 하계역~수락산역~의정부를 거쳐 포천으로 가는 3200번 버스를 타면 된다. 포천시내에서 직두리 방면으로는 55번 버스가 1일 11회 운행한다.

볼거리

직두리 부부송 천연기념물 제460호인 부부송은 사방으로 뻗은 가지들이 수평을 이룬 처진소나무다. 이 소나무가 부부송이라는 이름을 갖게 된 이유는 크고 작은 두 그루의 소나무 가지들이 마치 금슬 좋은 부부처럼 어우러져 자라고 있기 때문이다. 두 그루 나무 중 남편에 해당되는 큰 나무는 수령 300년이 넘은 것으로 추정되고 있다. 이 부부송에 부부가 소원을 빌면 이루어진다는 얘기가 전해 오고 있다.

1 수원폭포.
2 국사봉으로 진행하던 중 돌아본 한북정맥과 수원산.
3 직두리 부부송.

시궁산

인터넷에 안 나오는 숨은 명산 지도첩 52

경기도 용인시 처인구 이동면
안성시 양성면

1:25,000

32 시궁산 時宮山

높이 515m
위치 경기도 용인시 처인구 이동면, 안성시 양성면
매력 포인트 석포숲 트레킹

1 삼봉산 정상에서 남동쪽으로 마주보이는 시궁산. 시궁산 왼쪽 뒤는 문수산 방면. 오른쪽은 475m봉과 475m봉 남서릉이다. 475m봉 뒤는 쌍령산.
2 용인시에서 세운 시궁산 정상비석.

산꼭대기 연못에서 선녀들이 목욕했다는 전설이…

경기도 용인시를 관통해 강화도까지 이어지는 한남정맥 주변에는 많은 산들이 흩어져 있다. 이 산들 중 용인시 관할 내에서 가장 높은 산은 포곡면 금어리와 광주시 경계인 마구산(일명 말아가리산·595m)이다. 두 번째는 수원시와 경계를 이루는 광교산(582m), 세 번째는 모현면과 광주시 도척면 경계인 한국외국어대학교 뒷산인 노고봉(573m)이다. 이어 시궁산이 용인시에서 네 번째로 높은 산이다. '살아서는 진천生鎭川, 죽어서는 용인死居龍仁'이라는 말이 전해 오듯, 풍수지리적으로 용인 땅에는 명당이 많다고 한다. 모현면 오산리에 삼학사의 한 분인 오달제, 구성면 마북리에 구한말의 충신 민영환, 이동면 시미리에 우국지사 이한응 선생 묘들이 자리하고 있다.

시궁산은 옛날 산꼭대기에 연못이 있었는데 하늘의 선녀들이 이곳으로 내려와 목욕했다는 전설이 전해진다. 정상에서 사방으로 시원하게 펼쳐지는 조망도 일품이다. 최근에는 산허리를 휘돌아 이어지는 '석포숲 테마임도' 트레킹 코스가 개설되어 남녀노소 누구든지 편하게 등산 및 하이킹, 산악자전거를 즐기는 곳으로 소문나 있다.

시궁산 정상으로 오르는 등산로는 사방에서 이어진다. 정상 남서쪽에서는 묘봉리 중리마을회관~중리저수지계곡~갈미봉 남릉~갈미봉~정상 남릉, 묘봉 중리마을회관~갈미봉 서릉~갈미봉~정상 남릉, 송전리 요덕저수지와 화산리 사이 요덕고개~475m봉 서릉~475m봉~정상 남릉, 정상 서쪽에서는 화산리 화산교회~삼봉산 남서릉~독막고개~삼봉산 남측 사면길~시궁산 북서릉, 시미리~쌍괴저수지~독막고개~삼봉산 남측 사면길~정상 북서릉 경유 정상에 오르는 코스들이 대표적이다.

정상 북서쪽에서는 묵리 널동골 등산로 입구~삼봉산~시궁산 북서릉, 정상 북쪽에서는 묵리 성중골(묵리 편의점 맞은편) 입구~석포숲 임도 전망데크~정상 북릉, 정상 동쪽에서는 묵리 장촌마을 버스종점~거문정계곡~435m봉~정상 남릉, 장촌마을 버스종점 거문정계곡 입구~애덕고개~435m봉~정상 남릉, 남동쪽에서는 안성시 양성면 미산리 미리내성지~애덕고개~435m봉 경유 정상으로 향하는 등산코스들이 많이 이용되고 있다.

2012년 4월 5일 식목일, 허름한 차림의 노인이 산림청을 찾았다. 땅주인인 손창근씨라는 분이었다. 손씨는 자신의 땅인 용인과 안성시 소재 사유림 662ha(약 200만 평)를 국가(산림청)에 기부했다. 이에 산림청에서는 손 선생의 숭고한 정신과 기부 이념을 후대에 알리고자 그의 호인 '석포石圃'를 앞머리글로 하는 '석포숲 공원'을 조성했다. 석포숲 공원에는 기부자인 손창근 선생의 집안이 북한 출신이기 때문에 남북통일의 염원을 담아 한반도형 型 데크로드, 기부자 손 선생이 어린 시절 20리(약 8km) 비포장 길을 왕복하며 초등학교를 등하교한 애환의 길을 임도로 복원한 석포 벚꽃 20리 길, 석포기념비석, 전망대, 유실수림, 경관림 등을 조성해 놓았다. 전망데크에서 애덕고개, 애덕고개에서 시계방향으로 마주보이는 시궁산, 삼봉산, 묵리 협곡 방면 파노라마가 멋있다.

교통

강남역→용인 강남역 5~6번 출구 사이 '신분당선 버스정류장'에서 5001번·5002번. 1시간 안팎.
광화문→용인 광화문 세종문화회관 앞 정류장에서 5005번. 동서울터미널 북동쪽 길 건너 광역버스 정류장에서 5600번·5700번

볼거리

미리내성지 한국 최초의 사제 김대건 신부의 묘소가 자리잡고 있는 곳. 미리내로 불리게 된 것은 신자들이 신유박해와 기해박해를 피해 이곳으로 숨어 들어와 교우촌을 이루면서 밤이면 집집마다 흘러나오는 불빛이 달빛 아래 비치는 냇물과 어우러져 마치 은하수처럼 보였다고 해서 붙였다고 한다.

33 아미산 娥媚山
고양산 高陽山

높이 961m, 672m
위치 강원도 홍천군 서석면
매력 포인트 계곡으로 둘러싸인 산

서석분지를 병풍처럼 에워싸고 있는 아름다운 산

춘천지맥 응봉산(1,096.5m) 남쪽 약 1.5km 거리 981m봉에서 남서쪽으로 가지 치는 능선이 있다. 이 능선으로 약 6km 거리에 위치한 산이 아미산娥媚山(960.8m)이다. 아미산에서 더 나아가는 능선은 약 3km 거리에 고양산高陽山(672.4m)을 빚어 놓았다.

홍천은 전체 면적의 87%가 산악지역이라 명산이 많다. '홍천 9경' 중에 제1경으로 팔봉산, 제2경으로 가리산, 제5경으로 금학산을 치켜세우고 있다. 아미산은 홍천9경에는 미치지 못하지만 북쪽 응봉산에서 시계방향인 청량봉~삼계봉~운무산~수리봉~동막산으로 이어지는 산릉이 둥그렇게 원을 이루는 분지 가운데 병풍을 펼친 듯 아름답게 자리하고 있다.

아미산을 중심으로 동쪽에서는 응봉산에서 발원한 검산천(일명 진장동계곡)이 남쪽으로 흐른다. 아미산 남쪽 검산2리에서는 홍천강 발원지 미약골에서 발원한 내촌천이 검산천을 흡수하며 서쪽 서석면 분지를 가로지른다. 내촌천은 홍천강으로 합류한다.

이렇게 아미산은 사방 대부분이 시원한 계곡과 천으로 에워싸여 있다. 계곡과 천변에는 캠핑장과 펜션, 그리고 토속음식점들이 자리해 여름철 피서지로도 괜찮다.

산자락에는 풍암리 자작고개 동학혁명군 전적지, 우리나라 최고령 무궁화나무, 석굴샘터, 바위 꼭대기에 그 연혁을 알 수 없는 '원元'자 새김바위, 그리고 분재와 같은 노송이 어우러진 암릉지대인 삼형제바위 등 볼거리도 적지 않다.

아미산 등산로는 대부분 주능선을 경계로 서석분지 방면인 남쪽으로만 편향되어 있다. 고양산에서 아미산으로 이어지는 주능선 남쪽으로만 등산로들이 치우쳐 있는 이유는 서석면소재지인 풍암1리 버스정류장에서 직접 산으로 향할 수 있기 때문이다.

풍암2리에서는 일단 고양산으로 먼저 오르게 된다. 풍암2리 장막마을에서는 장막골교~천조단표석 남릉~무궁화고령목 갈림길 사거리~무궁화고령목(또는 원元자 바위 암릉), 장막마을 큰골 입구 사거리에서 북쪽 마을길~묵밭~지계곡 철다리~북쪽 사면길~무궁화고령목 사거리 경유 고양산으로 오르는 코스가 대표적이다. 장막마을 북동쪽 큰골 경유 고양산 동릉에 오른 다음, 고양산으로 오르거나 또는 아미산 정상으로 향해도 된다. 큰골은 하산코스로 더 많이 이용된다.

풍암2리 덕밭치마을에서는 최병원씨 비닐하우스~북서쪽 계곡~625m봉 남릉~625m봉~덕밭재고개~855m봉~삼형제바위, 최병원씨 비닐하우스에서 북동으로 약 200m 올라간 장인경씨 농가~북동쪽 바람부리골 왼쪽 지능선~855m봉 서릉~855m봉~삼형제봉 경유 아미산 정상으로 향하는 등산로가 있다.

아미산 정상 남쪽인 검산1리 승방터에서는 정북향인 검산마루민박~855m봉 남릉~855m봉 동쪽 안부~삼형제봉, 승방터에서 북동방향 계곡~정상 남릉 경유 아미산 정상에 오르는 코스가 대표적이다. 아미산 정상 남릉은 하산코스로 많이 이용된다.

1 칼바위를 지난 사거리 안부에서 북동쪽 사면길로 13분 거리인 석굴샘터. 굴 깊이가 10m가량 된다. 굴 안에서 석간수가 나온다.
2 암릉 꼭대기 삼각형 바위에 음각되어 있는 으뜸 원元자. 어느 때 누가 새겼는지는 알 수 없다.
3 큰골 합수점 하단부에 넓게 군락을 이루고 있는 자작나무 숲.

교통

버스는 홍천버스터미널에서 서석 방면 40, 41, 41-1, 41-2번 등을 타고 서석시외버스터미널에서 내린다. 자가용은 서울양양고속국도 동홍천나들목으로 빠져나와 56번 국도를 이용해 서석면 방향으로 간다.

볼거리

풍암리 자작고개 동학혁명군 위령탑 1894년(갑오년) 김숙현 등 향반鄕班이 이끄는 수천 명의 강원도 동학혁명군이 관군과 일본군에 맞서 싸우다가 참담한 최후를 맞이했다는 전적지이다. 1976년, 강원도 동학혁명군의 최대 격전지인 이곳 진등 자작고개에서 새마을 사업으로 길을 닦던 지역 주민들은 80여 구의 유해를 발견하고 동학혁명 위령탑을 세웠다. 강원도 기념물 제25호.

34 앵자봉 鶯子峰

높이 670m
위치 경기도 광주시 퇴촌면
매력 포인트 기암괴석과 소나무

한국 최초의 천주교 도래지… 꾀꼬리가 알 품은 듯한 산세

경기도 광주시 퇴촌면과 실촌면, 여주시 산북면 그리고 양평군 강하면에 걸쳐 있는 앵자봉은, 마치 아름다운 꾀꼬리가 알을 품고 있는 형상의 산세를 가지고 중부고속도로와 영동고속도로가 교차하는 곳에 산군을 이루고 있다.

앵자봉은 천주교인들에게 널리 알려진 산인데, 우리나라 최초로 천주교가 전파되기 시작했던 곳이기 때문이다. 지금은 앵자봉 일원이 천주교성역 순례길로 지정되어 있다.

꾀꼬리 앵鶯자를 쓰는 앵자봉은 꾀꼬리가 알을 품고 있는 산세여서 산 이름이 그렇게 지어졌다고 전한다. 그래서 옛날 산 이름은 꾀꼬리봉, 또는 각시봉으로도 불렸다고 한다. 각시봉은 이웃한 양자산을 신랑산으로 보고, 두 산을 부부라고 보았기 때문에 지어진 이름이다. 그래서 부부가 함께 앵자봉에 오르면 부부 사이가 좋아진다는 전설도 있다.

앵자봉 정상에서 동쪽 문바위골 방면 직선거리로 약 0.7km 지점인 문바위골 협곡에는 주어사 절터가 있다.

옛날 어느 스님이 절을 지을 만한 곳을 찾아다니던 중에 꿈에서 잉어가 이 장소를 인도해주었다는 이야기가 전해지는 곳이다. 바로 이곳 주어사에서 1779년 녹암 권철신이 정약전 등의 제자들과 함께 머물며 천주교 강학을 했다. 그래서 앵자봉이 한국 천주교 발상지로 중요한 역사적 의미를 갖는다.

앵자봉은 앵자지맥의 대표산이다. 앵자지맥은 독조봉(432m)에 이르면 두 갈래로 나뉜다. 동으로 '독조지맥'(상동)을 흘리고, 앵자지맥은 계속 북동으로 향해 천덕봉(635m)에 이르면 북서향으로 틀면서 광주시와 여주시 경계를 이루며 나아가다가 남이고개를 지나 앵자봉을 빚어 놓는다. 앵자지맥은 북서로 이어져 정암산(403m)에 이르면 여맥들을 두물머리 앞 남한강으로 가라앉힌다.

앵자봉 등산코스는 주능선을 경계로 동쪽인 남이고개~정상 남동릉(앵자지맥)~자작봉~585m봉~ 기염바위, 주어리 마을회관~585m봉 동북릉~585m봉~기염바위(일명 A코스), 주어리~주어고개~정상 북동릉~655m봉(일명 B코스) 경유 정상에 오르는 코스가 가장 많이 이용된다.

주능선 서쪽에서는 우산리 천진암 성지 주차장 남쪽 앵자산장~절막고개 능선~앵자봉 서남릉~595m봉, 천진암 성지 남쪽 경기도 청소년야영장 출입문 오른쪽 길~청소년야영장 관리소 후문~소리봉 북릉~소리봉~앵자봉 정상 서남릉~박석고개~절막고개 능선 갈림길~595m봉 경유 정상에 오르는 코스가 대표적이다.

특히 앵자봉과 자작봉을 잇는 능선 상에 아기자기한 볼거리가 많다. 집채만 한 바윗덩어리 상단부에 자리해 마치 수반 위의 분재를 보는 것 같은 '예쁜 소나무(건업리 및 주어리 주민들이 예로부터 불러온 이름)', 약 40m 되는 '기염바위' 등이다. 기염바위는 수백 년 전 건업리에 살던 한씨 가족들이 주어리로 이사를 올 때 이 바위를 '기어서' 넘어왔다는 전설이 있다. 즉 '기어서'라는 말이 '기염'으로 변한 것이라고 한다. 실제로 기염바위 왼쪽(동남측) 절벽 방면은 약 50도 경사를 이루고 있다.

1 정상 남서쪽 조망. 2 기염바위 꼭대기에서 남동으로 본 자작봉(송전탑 뒤). 3 예쁜 소나무. 4 옛날 이름이 서낭당고개였다는 박석고개.

교통

대중교통을 이용할 경우 양평역에서 접근하는 것이 편하다. 양평역 인근 양평시장 입구에서 945, 948A, 946, 949번 버스를 타면 환승 없이 한 번에 명품리 정류장에서 하차 후, 걸어서 주어리 들머리로 갈 수 있다.

볼거리

천진암 성지 앵자봉 서쪽 골짜기에는 천진암 성지가 조성돼 있다. 천진암 성지에는 한국천주교회 창립 200주년과 이벽 성조의 기념비, 교황어록이 새겨진 기념비, 문도공 요한 정약용 승지의 기념비, 이벽 성조의 천주공경가 비문, 세계평화의 성모상(높이 15m, 청동 25톤), 천진암 강학당 기념표석 및 이벽 성조 독서처 천학도장 기념표석이 있다.

35 어답산 御踏山

높이 786m
위치 강원도 횡성군 갑천면
매력 포인트 태기왕 전설

임금도 피서 즐긴 피서산행 명산

강원도 횡성군 갑천면에 자리한 어답산은 산을 중심으로 북쪽 병지방리, 동쪽 율동리, 남쪽 삼거리, 서쪽 전촌리 마을들이 에워싸고 있다.

지금 초등학교가 국민학교로 불리던 시절인 예전(1980년대)에는 어답산으로 가는 길목이었던 부동리의 화성초등학교(횡성호가 생기면서 수몰) 교가는 '어답산 정기 받은 화성 옛터에'로 시작되었다. 그만큼 이곳 주민들은 어답산을 갑천의 진산으로 여겨왔다.

어답산 명칭에 대해서는 옛날 진한辰韓의 태기왕泰岐王이 신라 시조 박혁거세에 쫓기어 이곳에 와서 지체 높은 사람이 사용하는 의자를 뜻하는 어탑御榻을 놓고 앉았다는 기록(한국지명총람)에서 기인된 것으로 보고 있다. 또는 태기산泰岐山(1,261m)으로 태기왕을 쫓던 박혁거세가 이 산에 잠시 들렀다는 설도 전해진다.

한국 땅이름 사전에는 태기왕이 이곳에 와서 왕이 깔고 앉기도 하고 눕기도 하는 어탑을 놓고 쉬었다고 하여 일명 '어탑산'이라 부르기도 한다고 밝혔다. 갑천甲川이라는 지명은 태기왕이 피 묻은 갑옷을 벗어 이곳 갑천면 계천桂川에서 씻었다고 해서 생겨난 것이라고 한다.

이처럼 어답산은 과거의 왕들이 눈여겨 볼 만큼 빼어난 경관을 간직하고 있다. 산중에는 참나무 수림과 노송군락이 어우러진 기암절벽들이 곳곳에 자리해 한 폭의 동양화를 보는 기분이 나는 산이다. 등산로가 지나가는 능선마다 탑바위라 불리는 입석立石, 30m 높이 아름다운 암봉인 선바위, 시원한 바람을 뿜어내는 구멍바위, 수령 300년이 넘는 장송長松, 태고에 낚시를 즐겼다는 50m 수직절벽인 낙수대 등 볼거리도 적지 않다.

옛 자연미를 고스란히 지키고 있는 병지방계곡(대관대천)과 산뒤계곡이 산자락을 적시고 있어 특히 여름철 피서지로도 인기가 높다.

어답산 등산코스는 정상을 중심으로 세 가닥으로 나뉜다. 정상 남동쪽 방면에서는 율동리 동막골~비둑재~754m봉 동릉~남동릉, 삼거현 동쪽 등기점~665m봉~754m봉~남동릉, 삼거현 서쪽 삼거리 횡성온천~665m봉 남서릉~선바위~754m봉~남동릉 경유 정상으로 오르는 코스가 대표적이다.

정상 남서쪽 방면에서는 삼거리 마을회관~771m봉 남서릉~낙수대를 경유하는 코스 한 곳뿐이다. 정상 북서쪽에서는 병지방 2리 산뒤계곡~715m봉~북서릉, 산뒤계곡~정상 북릉 경유 코스가 있다. 산뒤계곡 상류를 거슬러 오르면 나오는 비둑재에서 754m봉 동릉 경유 정상으로 향하는 길도 있으나 이용도는 매우 낮은 편이다.

교통

횡성군청 정류장에서 농어촌버스 40, 42, 43번 버스가 횡성온천정류장까지 운행한다. 배차간격이 긴 농어촌버스의 특성상 이를 이용하기 마땅치 않다면 택시를 이용해도 좋다. 택시 요금은 1만 7,000원 내외로 소요된다.

볼거리

병지방오토캠핑장 물 맑고 기암괴석과 들꽃이 병풍처럼 어우러진 병지방계곡의 상류에는 병지방오토캠핑장이 조성돼 있다. 산뒷골(A구역) 37면, 양지말(B구역) 56면, 당거리(C구역) 26면까지 총 119면의 캠핑 사이트가 마련돼 있다. 샤워장, 화장실, 쉼터, 음수대, 물놀이공원, 체육시설 등의 편의시설을 갖추고 있다. 횡성군의 대표적인 여름 휴식처.
한편 과거 어답산의 명물이었던 횡성온천은 현재 폐업했다.

1 771m봉에서 내려다보이는 삼거리, 삼거저수지, 횡성저수지.
2 산뒤계곡 상단부 합수점 폭포.
3 715m봉 북릉으로 오르기 전 험준한 지계곡.

36 연엽산 蓮葉山 / 구절산 九折山

높이 851m, 751m
위치 강원도 춘천시 동내면·동산면, 홍천군 북촌면·북방면
매력 포인트 태곳적 자연미

오랫동안 입산금지된 강원대학교 학술림

춘천지맥은 한강기맥 청량봉(1,054m)에서 갈라져 나와 홍천강과 소양강의 모태가 되는 산줄기다. 가리산(1,051m)과 대룡산(899m) 같은 명산을 세운 산줄기가 춘천시 남쪽으로 내려서며 빚은 산이 연엽산이다. 구절산은 연엽산에서 남쪽으로 갈라져 나온 능선에 솟았다.

연엽산과 구절산 일원은 강원대학교 학술림이다. 산의 상당 부분이 입산금지구역으로 정해진 탓에 연엽산과 구절산을 찾는 이는 많지 않다. 그러나 반대급부로 옛 모습 그대로 잘 보존된 숲과 계곡이 어우러진 산 전체가 태곳적 자연미를 고스란히 간직하고 있다.

산세는 전체적으로 평범한 육산으로 보인다. 그러나 호랑이가 발톱을 숨긴 듯 계곡 곳곳에는 기암절벽들이 연이어져 아름다운 풍광을 자아낸다. 특히 연엽산 정상 북사면과 동쪽 능선, 그리고 구절산 정상 동쪽 수십 길 높이의 절벽지대는 등골이 오싹할 정도로 고도감을 자아낸다. 조망 또한 일품이다.

연엽산 등산은 대개 춘천시내 방면 동산면 원창리 원창저수지 위쪽 쉰골계곡에서 능선이나 계곡을 타고 정상을 다녀오는 원점회귀 코스를 따랐다.

연엽산과 구절산은 1990년대에 들어서면서 등산로 들목마다 '강원대학교 학술림 입산금지'라고 쓰인 안내판들이 설치되며 등산인들의 발길이 사라지기 시작했다.

그러나 대룡산에서 연엽산을 경유해 고깔봉으로 이어지는 춘천지맥을 종주하는 산꾼들은 강원대학교 학술림 땅이라는 것을 알면서도 연엽산을 지나다니고 있다. 여기에다 연엽산과 구절산에 대한 매력을 잊지 못하는 등산인들도 입산규제가 덜한 편인 산 동쪽 홍천군 북방면 일원에서 암암리에 오르내리고 있다. 그동안 연엽산과 구절산을 자주 다닌다는 산꾼들 경험에 의하면 소수 인원이 자연을 훼손하지 않는 조용한 산행을 할 경우 강원대학 학술림 지킴이들이 등산을 막지는 않는다고 한다.

연엽산은 동쪽 북방면 북방리에서는 연화사~연엽골~새목현 경유 정상에 오른 다음, 북릉~745m봉 동릉을 경유해 북방리 사랑마을로 하산하는 코스가 대표적이다. 북방면 성동리에서는 강원도자연환경연구공원이 조성되어 있는 간성천 계곡 상류 자연탐방로인 자연소리길을 경유해 연엽산과 구절산을 다녀올 수 있다. 구절산 서쪽에서는 봉명리 춘천시내버스 종점에서 정상 서릉 코스와 정상 남동릉상의 744.4m봉 남서릉~임도를 따라 봉명리 장승공원으로 하산하는 코스가 가장 뚜렷하다.

춘천시에 능선이 걸치고 있어 도시 근교산 정도로 생각할 수 있으나 오지에 속한다. 특히 홍천군 북방면 상화계리에서 성동천 일대는 그럴듯한 식당과 숙소를 찾기 어려운 오지이다. 박달계곡과 연엽골 기점이 이곳에 있다. 연화사에서 연엽골을 거쳐 정상까지 4km이며 3시간 정도 걸린다.

1 응봉 박달계곡과 성동천 합수점 부근의 너럭바위 물놀이터.
2 609m봉 부근 임도. 정면으로 구절산 정상이 보인다.

연엽산 정상은 나무가 높아 조망이 어렵다. 그러나 산불감시초소 방면 전망바위에 오르면 그런대로 멋진 조망을 즐길 수 있다. 정상 부근 응봉으로 향하는 북사면은 상당한 급경사 구간이라 무척 주의를 요한다. 특히 비가 오거나 산길이 얼었을 때에는 피하는 것이 상책인 위험 구간이다. 정상에서 응봉 직전 745m봉까지 간 다음 무명봉을 거쳐 사랑말로 하산하는 코스는 5km이며 3시간 정도 걸린다.

연엽산이나 구절산을 오른 후 하산시 가장 안전한 코스는 685m봉에서 임도 공원전망길을 거쳐 잣나무숲으로 내려서서 성동리로 나오는 코스이다. 입구의 성동리 자연환경연구공원 주차장에서 연엽산 정상까지 8km이며 4시간 정도 걸린다.

강원대학교 학술림 건물이 있는 봉명리 버스종점은 구절산 산행 기점으로 이용된다. 이곳 마을 주민들은 구절산과 연엽산 일대를 통칭하여 '강대산'이라 부르는데, '강원대학교 산'이란 뜻이다. 봉명계곡 방면은 출입이 금지되어 있으며 석탑이 있는 능선을 거쳐 구절산 정상에 올랐다가 잣숲 임도를 따라 봉명리로 내려오는 원점회귀가 일반적이다. 버스종점에서 구절산 정상까지 2km이며 1시간 40분 정도 걸린다.

구절산 정상에서 남동릉을 따라 장승공원으로 내려서는 길은 3.5km이며 2시간 30분 정도 걸린다. 이곳 남동릉은 구절산 산행의 하이라이트로 깎아지른 절벽 아래로 이곳 장자골 일원이 샅샅이 펼쳐진다.

교통

춘천시내와 봉명리를 잇는 버스가 하루 5회(06:50~20:15) 운행한다. 사랑말 방면은 홍천읍내에서 버스를 타야 한다. 하루 4회(06:00~18:30) 운행한다.

볼거리

강원도 자연환경연구공원 홍천군 북방면 구절산 기슭에 위치한 곳으로 자연생태 환경을 보고, 느끼고, 체험하며 공부하는 공간이다. 희귀한 동식물과 멸종위기에 처한 동식물, 나비와 잠자리, 자연습지 등 다양한 공간으로 채워져 있어 생명의 소중함을 직접 느껴볼 수 있다. 환경부가 지정한 멸종위기 동식물 서식지외 보전기관으로 멸종위기식물원, 곤충생태원, 나비관찰원, 생태관찰지 등이 있어 교육프로그램 체험 및 탐방을 할 수 있다. 이용료는 무료.

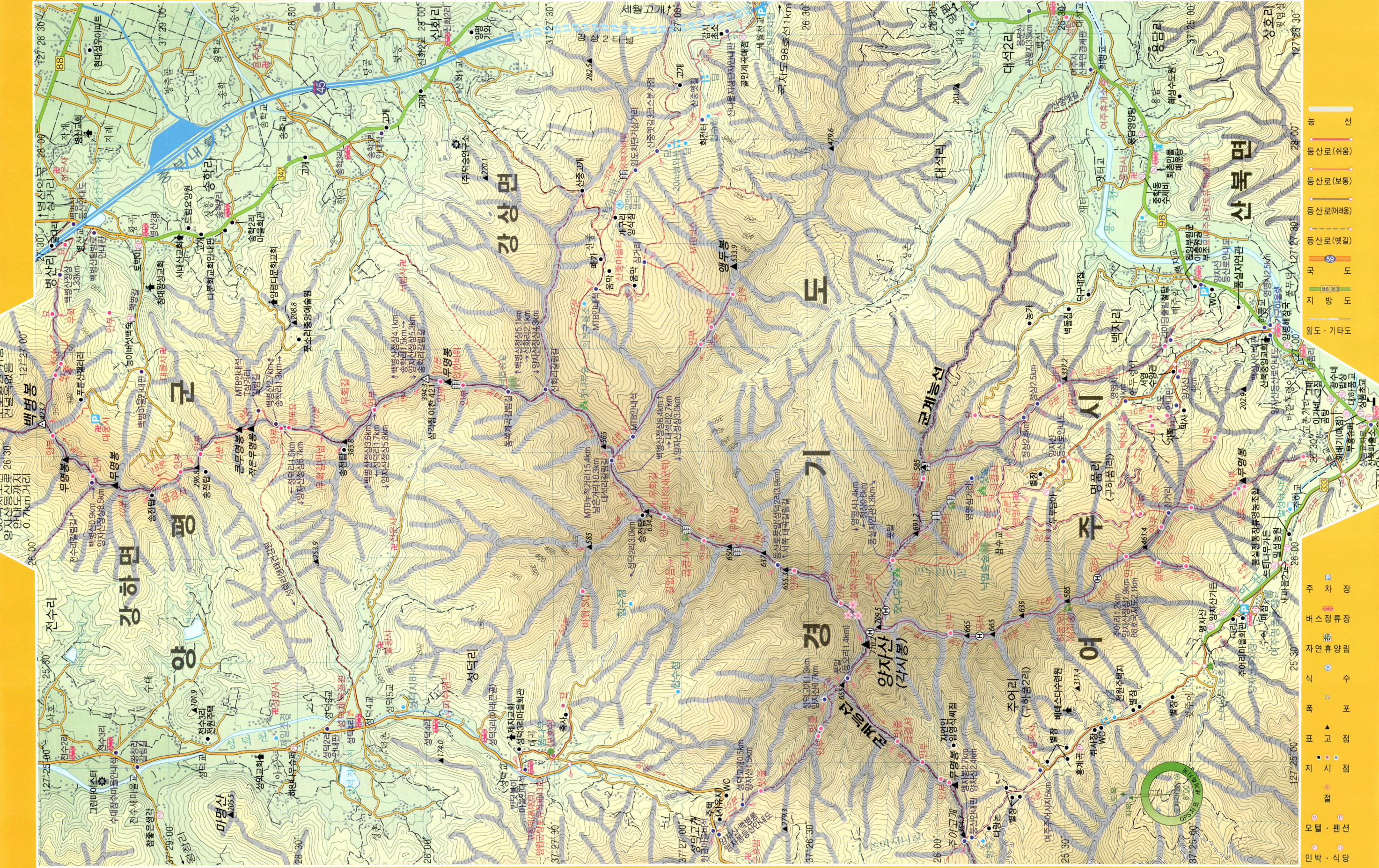

37 양자산 楊子山

높이 710m
위치 경기도 양평군 강하면·강상면, 여주시 산북면
매력 포인트 4개 시군을 한눈에 바라보는 파노라마 조망

봄이면 핑크빛 철쭉이 온 산 물들이는 '각시산'

양자산楊子山(710.2m)은 경기도 여주군 산북면과 양평군 강상면의 경계를 이루는 산이다. 정상에서 7시 방향으로 앵자봉, 12시 방향으로는 백병산이 이어진다. 수도권에 근접한 산으로 산세가 아름답고 부드러워 주말산행 코스로 이용하는 등산객이 많다.

양자산이란 이름은 '평평한 들판에 버드나무가 즐비하다'는 뜻을 지닌 양평楊平과 무관하지 않다. 옛날 이 산은 양평에서 남한강 강변을 뒤덮었던 버드나무 숲과 함께 보였기 때문에 생긴 이름이라는 설이 전해진다.

옛날 여주시 방면에서는 새색시를 뜻하는 '각시산'으로 부르기도 했다. 봄이면 정상부와 주능선에서 자생하는 굵직한 철쭉나무 군락이 온 산을 핑크빛으로 물들여 마치 새색시 얼굴을 떠올리게 하기 때문이라는 설도 전해진다.

양자산은 남한강 남쪽 양평군과 여주시 주변에서는 가장 높은 산이다. 그래서 정상에 오르면 4개 시군(여주시, 광주시, 이천시, 양평군)이 한눈에 조망된다. 특히 서쪽 광주시 퇴촌면 너머 검단산과 하남시 뒤로 높이 555m인 롯데월드타워와 남산타워가 눈에 들어온다.

하남시 오른쪽 강동대교와 아차산 줄기 뒤로 보이는 서울 북한산 보현봉~백운대~인수봉~우이령~도봉산 선인봉 조망도 일품이다. 40여 년 전 양자산 정상에는 밤하늘의 별을 관찰하는 천문대가 있었다.

양자산에는 아직 알려지지 않은 양평 강하면 성덕리 고창제 향토유적과 강상면 숨은 비경지대인 산중계곡, 여주시 산북면 백자리의 향토유적 완양부원군 이충원공 부조묘 등 비경과 명소들이 볼거리다.

양평군 방면 양자산 등산로는 정상 북동쪽 강상면 화양리와 세월리 경계인 사슬고개~산중옛길(산중계곡)~대석리 갈림길(565m봉 남측 안부)~양자산 정상 북릉, 정상 북서쪽인 강하면 성덕 2리~종자골~질매재~정상 북릉 송화리 갈림길~신화리 갈림길~565m봉 남측 대석리 갈림길(산중계곡 갈림길), 성덕 3리~성덕고개~정상 서북릉~주어고개 갈림길(655m봉) 경유 정상에 오르는 코스들이 대표적이다.

여주시 산북면 방면에서는 주어리에서 오르내리는 코스가 가장 인기가 많다. 그도 그럴 것이 양자산 일원 산행 들머리들 중 유일하게 여주시에서 널찍한 주차장을 조성해 놓았기 때문이다. 주차장 옆 화장실은 세면대도 있다.

코스를 살펴보면, 주어리 양자산주차장~홍계곡~주어고개~북동쪽 군계능선~성덕고개 갈림길, 주어리 양자산주차장~느티나무교~461.4봉 남릉~정상 남동릉 제1헬기장~제2헬기장~제3헬기장 경유 정상에 오르는 코스가 인기 있다.

주어리 들머리인 상품리에서 북쪽 98번 국지도로 약 1km 거리인 명품리에서는 안두렁이계곡~영명사~제3헬기장(709.5m봉) 동릉(군계능선·양평군과 여주시 경계 능선)~제3헬기장, 명품리 안두렁이 들머리에서 북쪽 98번 국지도를 따라 약 0.7km 거리 백자리에서는 완양 부원군 이충원공 부조묘 주차장~군계능선 585m봉 남동릉~585m봉~안두렁이 영명사 갈림길~제3헬기장 경유 정상에 오르는 코스가 대표적이다.

1 양자산은 양평군과 여주시 주변에서 가장 높은 산이다. 709.5m봉 헬기장 뒤로 634.2m봉과 앵두봉(오른쪽)이 보인다. 멀리 용문산과 백운봉도 보인다.
2 해질녘인 오후 5시가 갓 넘은 시각에 백병산 정상에 도착해 바라본 용문산과 백운봉.
3 585m봉에서 약 30분 거리인 665m봉 너머 능선.

교통

경의중앙선 전철을 타고 양평역에 내리거나 동서울터미널에서 버스를 타고 양평터미널에 내린다. 양평터미널에서 산북까지는 곤지암행 버스를 이용한다. 이 버스를 타고 산중계곡 등산 들머리인 양평군 강상면 화양리·세월리, 여주시 산북면 양자산 들머리인 백자리(이충원공 부조묘)·명품리(영명사 들머리)·주어리 들머리 상품리(부흥슈퍼 앞) 등지에서 하차한다. 곤지암에서는 양평행 버스를 이용한다. 자가용은 광주·원주고속도로 동곤지암나들목이 가깝다.

볼거리

완양 부원군 이충원공 묘 및 부조묘 송암 이충원은 임진왜란 당시 선조가 의주용만관으로 피란할 때 좌승지로 걸어서 호종(임금이 탄 수레를 호위)하다가 적의 화살에 오른쪽 귀를 잃었다. 공은 이후 도승지, 예조참판, 형조참판, 한성부판윤, 호조판서, 공조판서, 판의금부사, 오위도 송총부도 총관을 역임했다. 선조 38년(1605) 완양 부원군 봉함封緘을 받았으나 그해 69세로 별세했다. 이때 선조가 예장禮葬과 아울러 충헌공忠憲公의 시호를 하사했다. 공은 특히 글씨에 뛰어나 필원록筆苑錄에 올랐다. 여주시 향토유적 제23호.

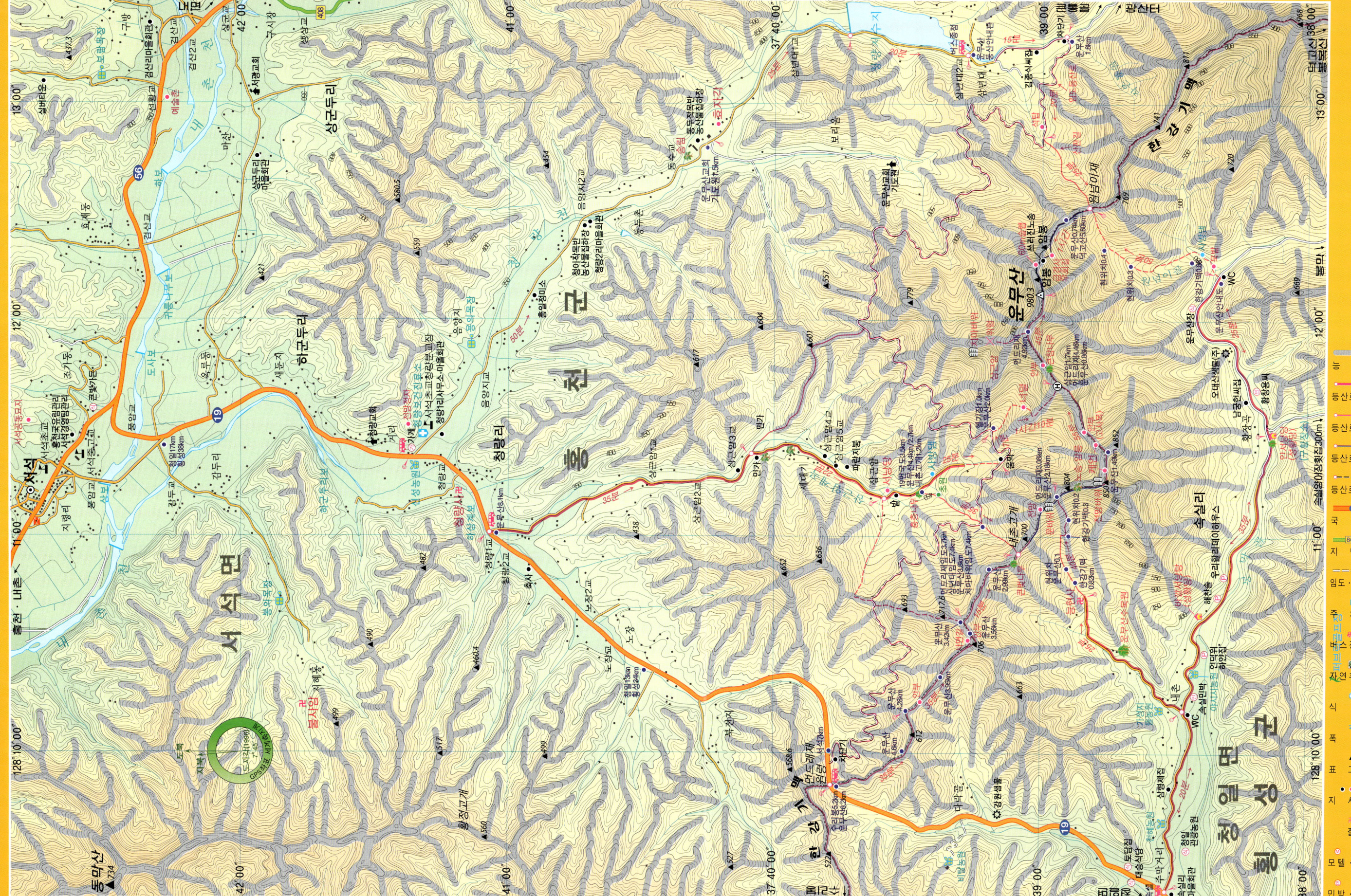

38 운무산 雲霧山

높이 980m
위치 강원도 홍천군 서석면 · 횡성군 청일면
매력 포인트 여름휴가철 계곡 물놀이터

봄 철쭉, 가을 단풍, 겨울엔 빼어난 설경

한강기맥에 속하는 운무산雲霧山(980.3m)은 강원도 홍천군 서석면과 횡성군 청일면 경계를 이룬다. 운무산에서 계속 서진하는 한강기맥은 약 5km 거리 먼드래재를 지난 다음, 수리봉~대학산~오음산~금물산을 지나 멀리 용문산으로 이어진다.

운무산이란 이름은 '정상 일원이 항상 구름과 안개가 끼어 있는 것 같다'는 데서 유래한다. 운무산은 봄 철쭉으로 유명하다. 산 주능선에는 어른 키를 넘는 철쭉이 군락을 이루고 있어 꽃놀이하기에 좋다.

뿐만 아니다. 여름에는 시원한 계곡으로 유명하다. 남쪽 속실리 주막거리에서 동쪽으로 패어든 봉막골과 원넘이골, 북쪽 청량리 삼근암 계곡, 북동쪽 삼년대 계곡과 남동쪽 삼계봉 방면으로 패어든 큰골 등 은밀하고 때 묻지 않은 계곡들은 입소문으로 유산객들이 많이 찾아들고 있다.

주능선 곳곳에 거느린 기암과 절벽은 마치 설악의 어느 한 곳을 옮겨놓은 듯한 착각에 빠지게 할 정도로 매력적이다. 암릉과 암봉들이 심심치 않게 이어지고, 그 암릉과 암봉에 뿌리를 내린 노송군락들이 한 폭 그림을 연출하고 있다. 이 노송군락들과 어우러진 가을 단풍도 놓치고 싶지 않은 멋진 풍광이다.

이렇게 아름다운 풍광에 백설이 뒤덮이는 겨울 설경도 일품인 곳이 바로 운무산이다. 특히 내촌고개에서 능현사 갈림길을 지난 전망바위(850m봉) 사이와, 정상 동쪽 원넘이재 방면 날카로운 암릉지대(일명 송암)는 풍광이 가장 아름다운 곳으로 손꼽힌다.

한강기맥 종주를 계획하고 있는 등산인이라면 미리 운무산을 한 번쯤 올라보는 것이 지형 판독에 도움이 될 것이다. 구목령~덕고산~원넘이재~운무산~먼드래재~수리봉 구간은 한강기맥을 종주하는 등산인들의 발길로 등산로가 뚜렷하다.

운무산 등산로는 정상을 중심으로 하는 주능선 남쪽과 북쪽에 분포되어 있다. 산 남쪽에서는 속실리 봉막골~원넘이골~원넘이재, 내촌~능현사 코스가 대표적이다. 능현사能顯寺는 벽산종 소속의 사찰이다. 경내에 들어서는 출입구에는 '참선, 수행중인 도량이므로 등산객 및 외부인 출입을 삼가 주십시오'라고 쓰인 안내판이 있다. 능현사 뒤란 호랑이 조각상이 눈길을 끈다. 호랑이 조각상 아래 식수시설 물맛이 일품이다.

서쪽에서는 먼드래재~서릉~내촌고개~헬기장, 북서쪽에서는 청량리 삼근암계곡~내촌고개와 삼근암계곡~헬기장 코스가 있다. 북동쪽에서는 청량리 삼년대~임도~원넘이재를 경유해 정상에 이르는 코스들이 대표적이다. 이 코스들은 모두가 한강기맥(먼드래재 방면 서릉과 원넘이재 방면 남동릉)을 경유해 정상에 이르게 된다.

교통
대중교통으로는 홍천터미널까지 가서 서석시외버스터미널까지 시외버스를 이용한다. 서석에서는 택시를 이용해 산행들머리로 이동하는 편이 편하다. 서울양양고속도로 내촌나들목에서 나와 408번지방도를 이용하면 서석면 쪽으로 갈 수 있다.

볼거리
정규시 효자각 운무산 북쪽 서석면 청량리에 있는 비석. 효자 정규시가 병든 아버지를 고치려고 백방으로 노력하다가 마지막으로 자기의 살을 베어 약으로 드려 아버지의 병환을 고쳤다 한다. 또 잉어를 구하려 노력했으나 구하지 못해 고심하던 중 하늘에 기도하니 천둥 소나기가 쏟아지며 잉어가 떨어진 것을 아버지께 드렸다고 한다. 후인들이 그를 기려 1923년 효자각을 세워서 오늘에 전한다.

1 850m봉 직전 전망바위에서 내려다본 능현사. 왼쪽은 속실리 내촌 삼거리와 19번국도 방면 주막거리.
2 서릉 내촌고개에서 15분 거리인 전망바위에서 삼근암계곡 건너로 본 운무산 정상.
3 능현사 뒤란에 있는 호랑이 조각상.
4 운무산 북쪽 서석면 청량리에 있는 정규시 효자각.

39 원통산 圓通山

높이 656m
위치 충북 음성군 감곡면·충주시 앙성면·노은면
매력 포인트 동양화 같은 노송군락

육산인 줄 알았더니… 기암 많은 골산

속리산에서 북서 방향으로 이어지는 한남금북정맥상의 보현산(483m)에서 북으로 가지 치는 능선이 부용지맥이다. 부용지맥은 부용산(644m)을 지나 수레의산(679m)에 이르면 방향을 동쪽으로 틀어 자주봉산~병풍산~을궁산~장미산에 이른 다음 남한강으로 가라앉는다.

수레의산에서 부용지맥과 헤어져 북으로 갈라지는 능선이 오갑지맥이다. 수레의산을 뒤로하는 오갑지맥은 약 4.5km 거리인 행덕산(447.3m)을 들어 올린 다음, 약 2.5km 더 나아가 원통산圓通山(655.6m)을 빚어 놓는다.

원통산 정상을 중심으로 남에서 북으로 이어지는 오갑지맥은 서쪽 충북 음성군 감곡면과 동쪽 충주시 노은면 경계를 이룬다. 원통산이라는 산 이름은 1768년 발행 〈음성읍지〉에서 둥글 원圓과 통할 통通자를 사용한 것으로 기록되어 있다. 산 아래 각 마을 자랑비에는 멀 원遠자를 써서 원통산遠通山으로 표기한 곳들도 있다.

원통산 등산로 기점의 대부분은 음성군 감곡면에 속한다. 옛날 감곡면은 충주군 감미면에 속해 있었으나 1914년 음성군에 편입되었다. 옛날 감곡면에서는 큰 인물이 많이 나왔다.

산자락 서쪽 영산리 일원에서는 경주 이씨 문중에서 임진왜란 때 의병대장을 지냈던 이수일 장군이 나왔고, 전주 이씨 문중에서는 청양군수와 거제군수를 역임한 이교승, 경주 정씨 문중에서는 병조참판을 지낸 정우벽과 절충장군·방어사를 역임한 정우명 등이 났다. 때문에 일제강점기 때 일본은 이 마을에서 더 이상 큰 인물이 태어나지 못하게 한다며 원통산 정상에 쇠말뚝을 박기도 했다.

원통산 대부분이 속한 감곡면 일원은 고을 이름 그대로 달 감甘자를 써서 그런지 산자락 곳곳이 달기로 소문난 복숭아 과수원들로 뒤덮여 있다. 원통산은 겉으로 보면 부드러운 육산이다. 그러나 등산로를 따라 산을 오르내리다 보면 뜻밖에 튼튼한 골산이라는 것을 깨닫게 된다. 기암인 장군바위, 삼형제바위 등을 비롯해서 정상 아래 자연동굴인 구절터와 약수터, 그리고 그림처럼 펼쳐지는 노송군락 등 명소가 곳곳에 있다.

원통산 등산코스는 정상을 가운데 두고 사방으로 이어진다. 정상 남쪽에서는 월정리 안다리골 초입~행덕산~정상 남릉(오갑지맥)~565m봉, 안다리골 입구~539m봉 남릉~539m봉~565m봉 남서릉에 이르는 등산로가 있다.

정상 서쪽으로는 영산1리 우실고개 남측 등산기점~434.6m봉 서릉~헬기장~장군바위~575m봉~정상 북서릉, 감곡면소재지 문화마을~434.6m봉~헬기장~장군바위~575m봉~정상 북서릉, 사곡2리 문화회관(톱실·버스종점)~복상골낚시터~관음사~마지막 사방댐~575m봉 북릉(일명 구절터 능선)~575m봉~정상 북서릉으로 내려서는 등산로가 있다.

정상 북쪽 방향에서는 사곡1리 하사마을~아랫사장골~질마재~625m봉, 동쪽에서는 앙성면 지당리 둔터고개~승대산~495m봉~505m봉~질마재~625m봉 경유 정상에 오르고 내리는 코스가 대표적이다.

1 원통산 동릉인 승대산에서 서쪽으로 본 원통산 정상(왼쪽).
2 구절터 자연석굴. 입구 높이 약 2m, 폭 약 4m, 굴 깊이 약 6m로 굴 넓이는 20평쯤 된다.
3 575m봉에서 북서릉으로 8분 내려가면 나오는 삼형제바위.

교통

동서울터미널에서 감곡공용버스터미널까지 1일 20회(첫차 07:20, 막차 21:00) 버스가 운행한다. 감곡에서 각 등산로까지는 농어촌 버스를 이용하면 되지만 시간 맞추기가 쉽지 않아 택시를 이용하는 편이 낫다. 자가용은 중부내륙고속도로 감곡나들목으로 나온다.

볼거리

감곡 복숭아 달 '감甘'자에 골짜기 '곡谷'자를 쓰는 마을답게 '햇사레'라는 브랜드의 달콤한 복숭아가 전국에 널리 알려져 있다. 해발 200~300m의 완만한 경사로 밤과 낮의 일교차가 커 복숭아를 재배하기에 적합한 지대이다. 감곡에서는 1970년부터 복숭아를 재배했다. 감곡지역의 특산품인 미백복숭아는 중생종으로 당도가 14~15브릭스로 높으며 표피가 얇고 수분이 많은 것이 특징이다. 복숭아 재배 농가가 집중된 감곡 매산마을은 매년 봄이면 화사한 복숭아꽃이 마을 전체를 뒤덮고, 여름이면 달콤한 복숭아가 익어 사진 촬영장소로도 인기가 좋다.

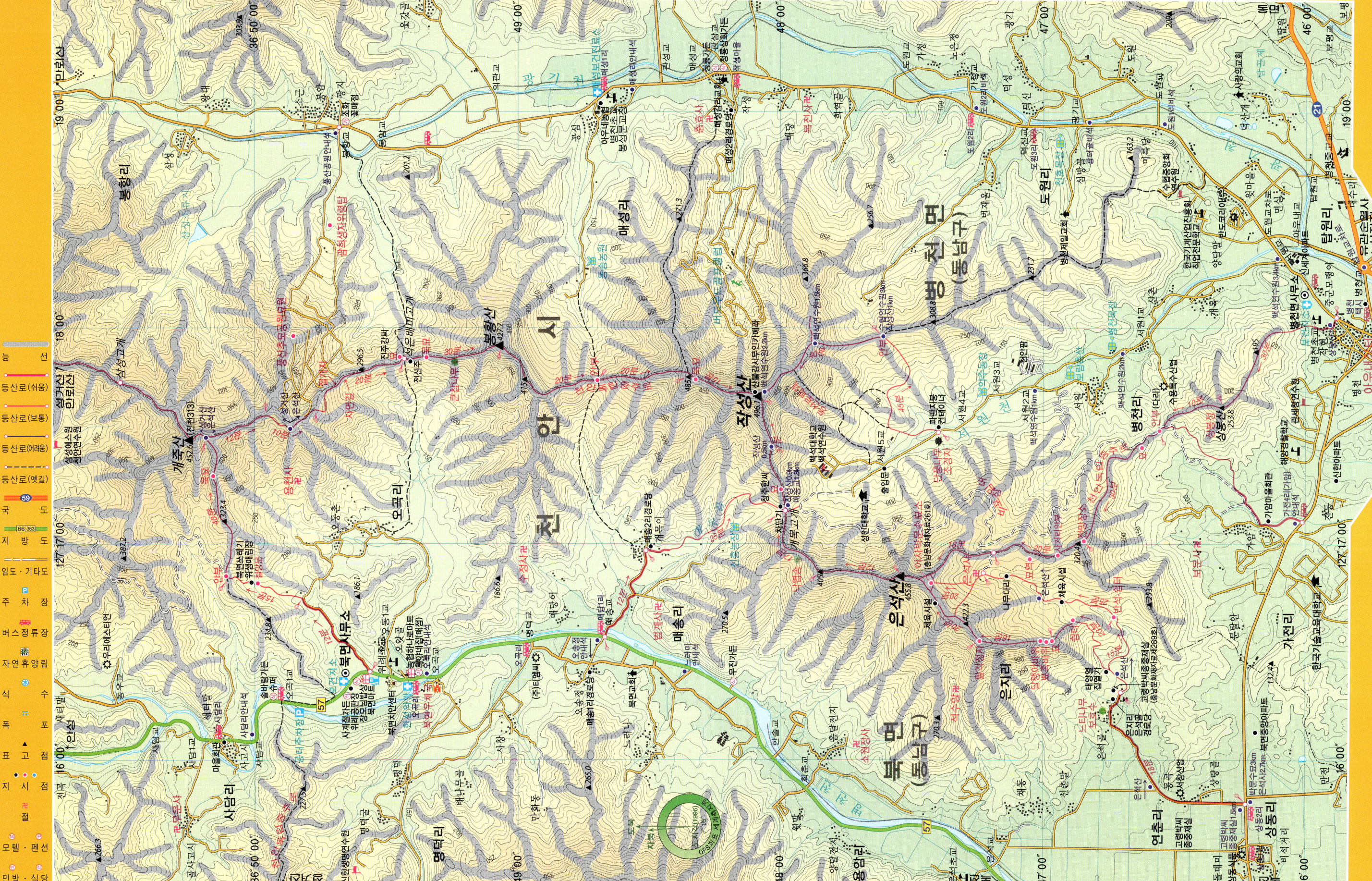

40 작성산 鵲城山

높이 496m
위치 충남 천안시 동남구 북면·병천면
매력 포인트 하산후 병천순대 한접시

46km에 달하는 천안독립종주코스의 중심

우리나라에 까치 작鵲으로 시작되는 작성산은 충북 제천시 금수산 북쪽 작성산(771m), 충남 연기군 전의면 신방리와 전동면 송성리에 위치한 작성산(339m) 정도가 알려져 있다. 충남 천안시 동남구 북면과 병천면 사이에 자리한 작성산은 일명 '까치성산'으로 불리며 조선시대 목천현의 진산鎭山이었다고 한다.

임진왜란 때 성리학자 이복장이 의병을 이끌고 왜병을 물리친 곳, 갑오년 때는 동학군이 임시로 주둔했던 곳이 바로 천안시 작성산이었다. 주변에는 유관순 열사 사적지, 유관순 열사가 독립만세운동을 벌인 아우내장터 등의 유적지가 있다.

작성산 오르는 길은 대중교통편이 편리한 은석산(작성산 남서쪽) 남동쪽 병천면 병천리와 은석산 남서쪽인 북면 상동리 방면에서 오르고 내리는 코스를 가장 많이 찾는다.

병천리 방면은 병천초교에서 은석산 남동릉을 타고 은석사와 어사 박문수묘~은석산 정상에 이르는 코스, 상동리에서는 은지리 고령박씨 재실~은석골~은석사, 또는 고령박씨 재실~은석산 남서릉~은석산 정상 경유 작성산으로 향하는 코스가 대표적이다.

다음으로는 작성산 북서쪽인 북면 매송리와 북면소재지인 오곡리에서 작성산 북릉인 봉황산을 경유해 작성산 정상으로 향하는 코스가 이용된다.

이 산은 은석산부터 시작해서 개죽산~성거산~태조봉~흑성산으로 이어지는 46km에 달하는 천안독립종주코스에 속해 있어 더욱 인기 있다. 대체로 무난한 코스지만 은석산에서 개목고개를 거쳐 작성산에 이르는 약 2km 오르막은 만만하게 볼 상대가 아니다.

아우내장터는 조선조 영조 때의 공신 영성군 박문수 어사의 묘소와 관련되어 있다. 은석산 상봉에 있는 박문수 어사 묘소는 풍수지리적으로 봤을 때 장군이 진영에 위풍당당하게 앉아 있는 모양을 한 '장군대좌형將軍大坐形'이라고 한다. 조정에서는 이 명당을 더욱 빛나게 하기 위해 아우내에 장시場市를 열었다. 이 전통시장은 처음에는 '아내장'이라 했고, 지금은 '병천장'이라고 한다. 5일 장으로 매월 1일, 6일, 11일, 16일, 21일, 26일에 열린다.

은석산에는 불개미가 많다. 불개미는 소나무 잣나무를 망가뜨리는 송충이의 천적이라고 한다. 영성군 묘가 있는 은석산의 소나무를 불개미가 지키고 있는 셈이다. 영성군이 어사 시절 억울하게 죽게 된 사람을 살려준 일이 여러 차례 있었다. 그 은혜를 입은 사람들이 은석산의 불개미가 되어 송충이를 잡아 박 어사에게 보은하는 것이라는 이야기가 전설처럼 내려오고 있다. 은석산의 불개미를 다른 산에 옮기면 살지 못한다고 한다.

이곳은 옛날부터 돼지 소창에 양배추, 파, 고추, 마늘 등을 선지와 함께 버무려 넣은 병천순대로 유명하다. 아우내장터는 무엇보다 1919년 4월 1일 유관순 열사가 독립만세운동을 전개한 곳으로 알려져 있다.

1 은석산 정상에서 개목고개 건너로 본 작성산 정상(오른쪽 철탑 있는 곳). 작성산 정상 왼쪽 북릉으로 봉암산, 개축산과 공원묘원 등이 보인다.
2 작성산 정상에서 북서쪽 북면 병천천 건너로 보이는 금북정맥상의 태조봉(왼쪽)과 성거산(오른쪽). 작성산 북릉 개축산을 지나 성거산으로 이어지는 코스를 '천안독립종주코스'라고 부른다.
3 은석사에서 12분 거리인 어사 박문수 묘소.

교통
버스 서울 동서울 종합 터미널, 남부터미널, 고속버스터미널에서 천안종합터미널까지 수시 운행.
열차 서울역에서 수시로 운행하는 경부선 및 호남선 이용. 천안역 하차.
전철 수시 운행되는 온양 및 신창행 1호선 전철 이용. 천안역 하차.

볼거리
암행어사 박문수 테마 길 작성산 남서쪽 은석산에 5.7km 길이로 조성된 길. 한 바퀴 도는 데 2시간쯤 걸린다. 고령 박씨 종중재실과 박문수의 묘 등이 있다. 길 중간에 박문수의 생애와 어사 시절 일화 등이 담긴 안내판이 설치돼 있다.
은석사 은석산 정상 가까이 자리잡고 있는 사찰로 신라 원효대사가 창건했다고 하나 확실하지 않다. 창건 당시에는 큰 사찰이었으나 민가와 너무 멀리 떨어져 있어 옛 모습은 사라지고 현재는 작은 사찰로 대한불교조계종 제6교구 본사인 마곡사의 말사이다. '천안 은석사 목조여래좌상(충남유형문화재 제179호)'과 '은석사 아미타극락도(충남유형문화재 제392호)'가 모셔져 있다.

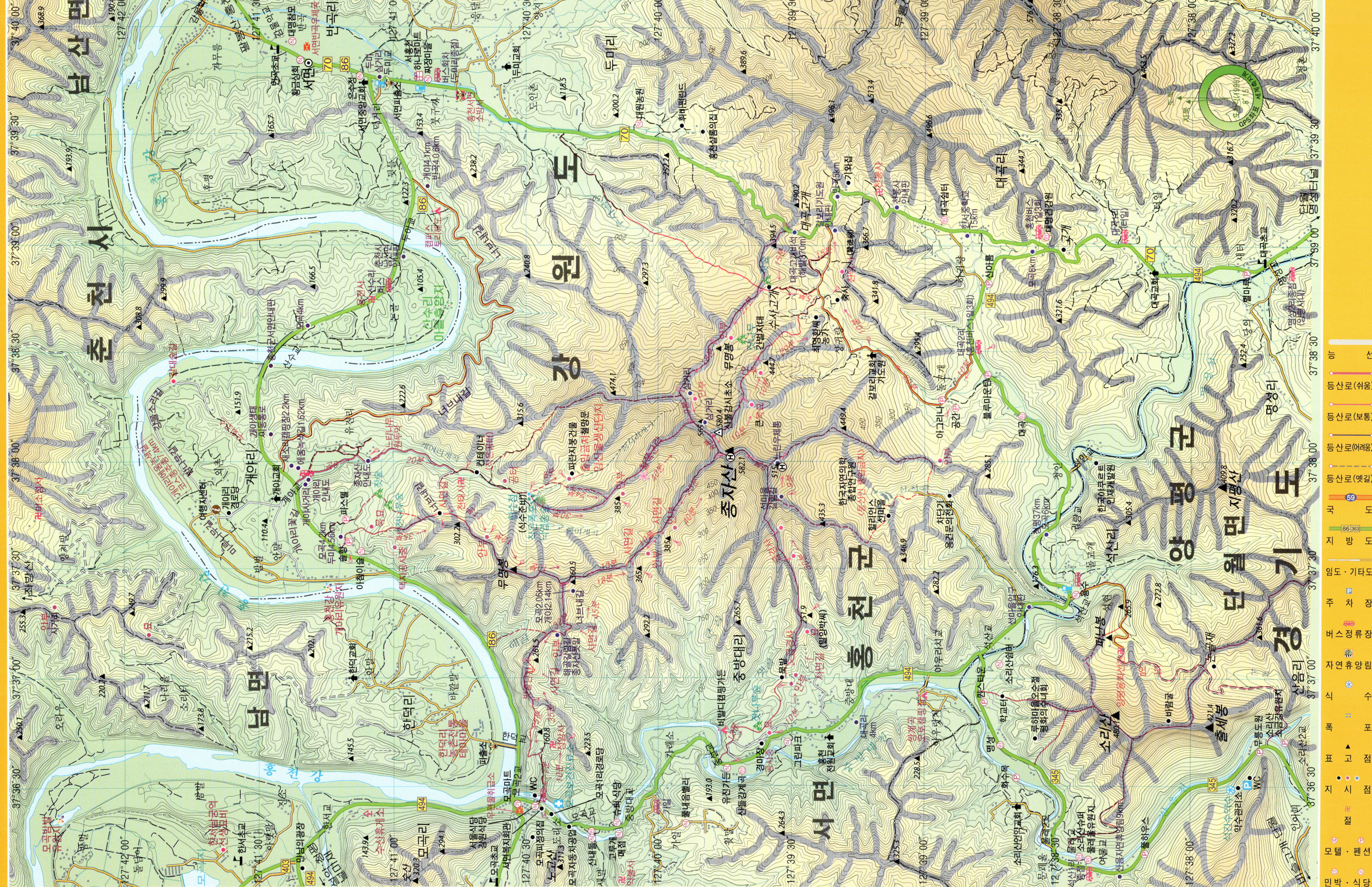

41 종자산 種子山

높이 582m
위치 강원도 홍천군 서면, 경기도 양평군 단월면
매력 포인트 중방대천 계곡

1 515m봉 서릉 등산기점인 중방대리 유진가든 옆 종선교에서 중방대천 위로 본 종자산 정상(왼쪽 끝)과 515m봉(정상 오른쪽).
2 드랭이계곡 방면 초입에 있는 무명폭포. 이곳 왼쪽 언덕 위에서 능선길이 시작된다.

홍천의 서쪽 끝머리… 천혜의 자연미

'종자산'이라고 하면 대부분 수도권 북쪽 포천시 관인면 한탄강변에 위치한 종자산(643m)을 떠올린다. 강원도 홍천군 서면 홍천강변에도 똑같은 한자를 쓰는 종자산(582m)이 있다.

홍천 종자산은 한강기맥에서 북서쪽 홍천강 방면으로 갈라져나간 산이다. 양평군 청운면에서 북쪽 홍천군 남면으로 넘어가는 신당고개가 한강기맥이다.

44번국도가 넘어가는 신당고개에서 서쪽으로 약 6km 거리인 405m봉(일명 통골고개)에 이르면 북으로 가지 치는 능선이 있다. 이 능선은 약 1.3km 거리인 백양치를 지나 약 3.5km 거리에 매봉산(650m)을 들어올린다.

매봉산에서 능선은 두 갈래로 나뉜다. 북동으로 갈라진 능선은 쇠뿔봉, 북서쪽으로 갈라진 능선은 약 3.5km 거리에 두릉산(대명비발디파크 뒷산)을 빚어 놓는다. 두릉산에서 산줄기는 또 두 가닥으로 나뉜다. 북동으로 갈라진 능선은 팔봉산, 북서로 갈라진 능선은 종자산으로 이어진다.

종자산은 북으로는 춘천시 남면과 경계를 이루는 홍천강, 서쪽으로는 중방대천, 남으로는 명성천이 에워싸고 있다. 산을 중심으로 북쪽은 개야리, 서쪽은 모곡리와 중방대리, 남쪽은 대곡리, 동쪽으로는 두미리, 북동으로는 반곡리로 나뉜다

이 산 북쪽 자락인 개야리 방면에서는 옛날 아이를 낳지 못해 걱정이 태산 같았던 어느 여인이 이 산에 올라 정성껏 기도한 후에 자식을 얻었고, 후에 그 자식이 높은 관직에 올랐다는 전설이 전해진다. 그래서 이 산은 여인이 자식이라는 의미의 '씨앗'을 얻었다 해서 산 이름을 '씨앗산'으로 불러 왔다고 한다. 죽을 지경에 이른 사람들이 이 산에서 많이 나는 약초와 산삼을 먹고 살아났다는 전설도 전한다.

이 산은 홍천군 서쪽 끝머리 변방에 자리하고 있다. 아직까지 대중교통편도 낙후되어 있다. 그러나 그만큼 속세의 때가 묻지 않은 천혜의 자연미가 살아 숨쉬는 청정지역이다. 특히 산을 에워싸고 있는 홍천강변과 중대방천 계곡미가 볼거리다. 정상 일원에서 바라보는 홍천군 서부 지역과 춘천시 서남부, 양평군 북동부, 가평군 남서부 지역 유명한 산들을 휘둘러보는 조망이 좋다.

정상 주위는 수목이 울창하게 둘러서 있어 전망을 가리고 있으나, 넓은 광장이라 많은 인원이 휴식하기에 좋다. 정상에서 북서 능선을 따라 약 20분을 내려가면 넝쿨이 무성한 안부가 있고, 다시 20분을 내려가면 360봉에 닿는다.

종자산 등산코스는 사방으로 전개展開되어 있다. 정상 서쪽 중방대리 방면에서는 유진가든 앞~515m봉 서릉(큰골 남쪽 능선)~515m봉, 유진가든에서 북으로 약 2km 거리인 모곡리 서면복지회관~정암사~360.5m봉 서릉(곽골 북쪽·너브내길)~360.5m봉~정상 북서릉 경유 종자산에 오르는 코스가 대표적이다.

정상 북쪽 개야리에서는 360.5m봉 북동릉(모곡리 정암사와 연결되는 너브내길)~360m봉~정상 북서릉, 개야리계곡~565m봉 북서릉~565m봉(수사고개와 대곡고개 방면 남동릉 갈림길)~580.4m봉(이하 산불감시초소) 경유 정상에 오르는 코스가 가장 뚜렷하다.

종자산 동쪽에서는 대곡고개~수사고개~565m봉 남동릉~산불감시초소, 종자산 남동쪽에서는 대곡2리 버스정류장(돌고개 삼거리)~말등바위골~상귀량~ 수사고개~565m봉 남동릉~산불감시초소 경유 정상에 오르는 코스가 있다. 이 방면 산불감시초소에서 상귀량으로 이어지는 남동릉은 하단부 산길이 흐릿해서 올라가기보다는 하산코스로 잡으면 편하다.

교통

버스
청량리 환승정류장→청평 1330-2번
청평→모곡1리 설악 경유 1일 5회

볼거리

힐리언스 선마을 종자산 속에 꾸며진 힐링 리조트. 숙박시설과 요가장, 갤러리, 산책로, 도서관 등이 들어선 이 곳은 휴대전화가 터지지 않고 인터넷도 안된다. 정신없이 하루하루 살아가는 현대인을 위한 휴양시설이라고 할 수 있다. 문의 1588-9983.

42 좌방산 座防山
소주봉

높이 503m, 489m
위치 강원도 춘천시 남면·홍천군 서면
매력 포인트 홍천강이 한눈에

1 579.6m봉에서 북동쪽으로 본 좌방산 정상(왼쪽)과 528.3m봉(가운데). 정상 뒤 멀리는 새덕산과 한치고개.
2 415m봉 직전 암릉 상단 전망바위에서 북동쪽으로 보이는 소주봉과 소주고개(안부).
3 정상에서 내려다 본 415m봉 북서릉과 서울춘천고속국도와 홍천강.

노송군락 어우러진 수직절리 암릉지대 짜릿

소주봉(488.7m)은 춘천지맥 상에 위치한 산이고, 좌방산座防山(502.8m)은 춘천지맥 고깔봉에서 남서쪽으로 가지 친 능선이 약 7km 거리인 한덕령(365m)을 지나 3km쯤 더 나아가 빚어 놓은 산이다.

좌방산의 산자락에 잣나무가 유난히 많았다고 해서 옛 이름이 '잣방산'이었다. 정상 모습이 잣송이처럼 뾰족하다는 뜻에서 지어진 산 이름이라는 설도 전해진다. 이 산 아래 발산리 모곡리 한덕리 토박이 주민들은 이 산을 '산자 빼고 그냥 '잣방'이라 부른다.

이 산에는 효자 노총각의 전설이 전해진다. 옛날 좌방산 어느 골짜기에 '덕쇠'라는 총각이 홀어머니를 모시고 살았다. 어느 날 덕쇠의 어머니가 이름 모를 병을 얻어 몸져눕게 되었다. 덕쇠는 새벽마다 어머니의 병이 낫기를 기도했다.

어느 날 한 노승이 덕쇠네 집 앞을 지나다가 손을 들어 잣방산 정상을 가리키며 "잣방산 꼭대기에 큰 잣나무 두 그루가 있느니라. 그중 오른쪽 잣나무에 달려 있는 잣 세 송이를 따다가 갈아서 그 즙을 약으로 써라" 하고는 모습을 감추었다. 덕쇠는 노승이 가르쳐 준대로 곧바로 잣방산 정상에 올라 잣 세 송이를 따다가 정성껏 갈아서 즙을 내서 어머니께 마시게 했더니 병세가 씻은 듯이 나았다는 전설이다.

좌방산과 소주봉이 자리한 춘천시 남면 일원은 구한말 춘천지역 의병을 이끈 선구자인 의암 류인석(1842~1915) 선생과 우리나라 최초 춘천지역 여성 의병대장이었던 윤희순 의사의 숨결이 배어 있는 의민지향義民之鄕 고장이다.

좌방산과 소주봉 풍광은 여느 산에 뒤지지 않는다. 좌방산 주능선 남단 홍천강 방면은 노송군락 어우러진 수직절리가 대부분이다. 이곳에서 노송군락 사이로 조망되는 홍천강 풍광이 일품이다. 소주봉도 정상 남서릉 상에 숨은 비경인 노승바위와 암릉지대들이 보는 이의 눈길을 사로잡는다.

좌방산 등산코스는 정상을 중심으로 북동쪽인 발산2리 남면치안센터 앞 사거리에서 남쪽 전의골~한밭령~575m봉~좌방고개(태평사 갈림길), 정상 북쪽인 발산1리 노인정~태평사~좌방고개, 정상 북서쪽 남면사무소 입구~구 발산중학교~249.6m봉 서릉~정상 북릉~소남이섬 갈림길, 정상 서쪽 작은 남이섬 수상레저 식당 앞~263m봉~415m봉 북서릉~구 발산중학교 갈림길 경유 정상에 오르는 코스가 대표적이다.

소주봉은 남산면 창촌리와 남면 후동리 경계인 춘천지맥상의 소주고개~소주고개 남동릉, 발산1리 양지말~365.8m봉 남동릉~365.8m봉~헬기장~노승바위 능선 갈림길~뒷재봉, 남산면사무소~365.8m봉 남서릉~365.8m봉~헬기장~노승바위 능선 갈림길~뒷재봉, 남산면사무소~황골마을~노승바위 남서릉~헬기장 능선 갈림길~뒷재봉 경유 정상에 오르는 코스들이 대표적이다.

교통

경춘선 전철을 타고 강촌역에 내리는 것이 가장 편하다. 강촌역에서 남면 방면 마을버스나 택시를 이용하면 편하게 등산기점에 닿을 수 있다. 자가용 이용 시 서울양양고속도로 강촌나들목에서 나와 403번 지방도를 이용한다.

볼거리

구 강촌역 옛 강촌역이 있던 자리는 지금 레일바이크와 카트, ATV, 서바이벌 등을 즐길 수 있는 여행지로 변했다. 레일바이크는 가평역, 경강역, 김유정역에서 출발한다. 출발역에 따라 요금과 운행시간이 상이하다. 홈페이지(www.railpark.co.kr)에서 확인할 것. 강촌테마랜드(www.gangchonland.kr)에서는 카트, ATV, 서바이벌 등을 운영한다. 펜션과 글램핑도 즐길 수 있다. 레저체험과 펜션, 글램핑을 패키지로 묶은 상품도 있다.

43 주론산 舟論山

높이 902m
위치 충청북도 제천시 백운면·봉양읍 구학리
매력 포인트 천주교 배론성지

주론산만 오르긴 섭섭… 구학산·시랑산과 묶어 종주 강추!

충북 제천시 백운면과 봉양읍 경계인 박달재를 경계로 시랑산의 북쪽에 자리잡은 산이다. 산행 기점은 제천시 봉양읍 구학리 배론성지와 백운면 평동리의 박달재자연휴양림이다. 원래 이름은 '주유산舟遊山'이었다. 배론성지가 있는 계곡이 배의 밑바닥을 닮았다 하여 배론이라 하였고 이를 한자로 옮기면서 주론舟論이 되었다. 배론성지는 우리나라 최초의 천주교 신자들이 박해를 피해 은신했던 곳이다.

이 산은 북쪽 원주시와 제천시 경계에 있는 구학산(983m) 또는 남쪽에 위치한 시랑산(691m)을 묶어 종주산행하는 것이 일반적이다.

구학산은 정상을 기점으로 하여 마치 학이 나래를 편 듯한 형상이다. 옛날 이 마을의 어느 대가집에 초상이 나서 명당이라고 알려진 산 정상 바로 아래를 파자 그 속에서 학 아홉 마리가 날아올랐는데 이 때 날아간 학들이 머문 곳에 학鶴자가 들어간 지명이 생겼다고 한다. 선학, 방학, 황학, 학산, 운학 등이 이러한 지명이며, 이후로 마을 이름을 구학리라 하였고, 산 이름을 구학산이라 부르게 되었다고 한다.

구학산 등산코스는 정상을 중심으로 사방으로 전개되어 있다. 우선 북쪽에서는 구력재~북서릉 도계능선, 구학리 방학동~헬기장 능선~동릉, 동쪽에서는 학산리 산사동~담바위봉~동릉, 옥전리 노목~동릉, 남동쪽은 구학리 배론성지~팔왕재~주론산~남릉, 남쪽은 박달재~팔왕재~주론산~남릉 경유 정상에 오르는 코스들이 대표적이다.

564년 전인 1457년 유독 무더웠던 음력 6월, 한양 창덕궁을 출발한 단종端宗은 영월까지 7일간의 도보 길에 오른다. 광나루에 이르러 배편으로 원주 흥원창까지 간 다음, 이후 걸어서 단강리(현 원주시 부론면 최남단)~귀래~배재(십자봉 남릉·원주 귀래면과 제천 백운면 경계)~화당리~덕동리를 거쳐 구학산 북쪽 산허리인 구력재(해발 530m)를 넘는다. 당시 17세였던 단종은 영월 청령포에 이르러 비극적인 유배생활을 시작한다. 단종이 피눈물을 흘리며 넘었을 구력재는 백운면 운학리와 신림면 구학리 경계이다. 이 고개는 운학재雲鶴峙로 부르기도 한다.

구학산에서 능선을 타고 1시간30분이면 주론산 정상. 구학산과 시랑산 박달재에서 각각 4km 떨어진 중간지점이다. 구학산에서 주론산으로 이어지는 능선길은 조망이 없어 지루한 느낌을 받을 수 있지만 줄참나무 등 산림이 우거져 호젓한 산행을 즐기기에는 좋다.

주론산에서 발원한 냇물은 동쪽으로 흘러 치악산에서 발원한 용암천으로 흘러들고, 서쪽으로 제천시 백운면 방학리 방학들을 지나 원서천으로 흘러들며, 남쪽으로 평동리 도덕암으로 흐르다가 서쪽으로 곡류하여 원서천으로 합류한다.

조망을 기대한다면 주론산보다는 구학산 쪽이 낫다. 천등산, 삼봉산, 십자봉, 백운산, 소백운산, 벼락바위봉이 돌출하여 쉽게 알아볼 수 있다. 구학산과 주론산 모두 산객들이 많이 몰리는 산이 아니기 때문에 등로가 희미한 곳이 군데군데 있다. 산행에 유의할 점이다. 하산은 대피소 사거리에서 동서쪽으로 내려가 전망대에서 가족 야영장을 지나 자연휴양림으로 내려간다. 전망대에서 남쪽 능선을 계속 타면 박달재 정상에 오를 수 있다.

1 구력재에서 약 15분 오른 두 번째 안부를 지나 남으로 보이는 765m봉(오른쪽 뒤). 왼쪽 높은 곳은 정상.
2 박달재 기념비. 기념비 뒤는 박달도령과 금봉이 조각상.
3 배론성지. 멀리는 주론산 정상.

교통

열차 청량리역→신림역
버스 동서울→제천 우등 30분 간격

볼거리

배론성지 한국 천주교 전파의 진원지. 1801년 신유박해 때 황사영이 당시의 박해 상황과 천주교도의 구원을 요청하는 백서를 토굴 속에 숨어 집필한 곳이다. 우리나라 최초의 근대식 교육기관인 배론신학교가 소재했던 지역이기도 하다.
탁사정 백사장과 맑은 물, 노송이 어울린 아름다운 계곡으로 차령산맥과 태백산맥이 갈라져 남서로 달리는 남서쪽 골짜기에 자리잡은 유원지.

44 주발봉 周鉢峰

높이 489m
위치 경기도 가평군 북면·가평읍 이화리·청평면 상천리
매력 포인트 남이섬이 한눈에

명지지맥이 마지막 힘을 다해 빚어놓은 산

한북정맥상의 귀목봉(1,036m)에서 남동으로 가지치는 능선이 명지지맥이다. 이 능선은 귀목고개를 지난 1,199m봉(결사돌파대바위)에 이르면 능선이 두 갈래로 나뉜다. 이곳에서 북동으로 향하는 능선은 명지산 정상(1,253m)과 백둔봉(974m)을 이룬다. 명지지맥은 1,199m봉에서 남쪽으로 이어져 아재비고개~연인산(1,068m)~우정고개(예전 전패고개)~매봉~깃대봉~약수봉~대금산~봉화산~수리재~불기산에 이어 46번국도가 넘어가는 빛고개를 지나 약 4km 거리에 주발봉周鉢峰을 들어 올린다. 주발봉을 지난 명지지맥은 남으로 방향을 틀어 마지막으로 호명산虎鳴山(632m)을 들어 올린 다음, 북한강과 조종천에 여맥을 모두 가라앉힌다.

주발봉은 산 모양이 식기인 주발을 엎어 놓은 듯하다고 붙은 이름이다. 불기산과 호명산 사이에 끼어 있는 주발봉은 가평군 가평읍 상색리 이화리 산유리와 청평면 상천리 경계를 이룬다.

주발봉은 이제까지 호명산 유명세에 밀려 등산인들의 발길이 뜸했던 산이다. 호명산은 예전부터 경춘선 무궁화호를 이용, 청평역이나 상천역에서 곧바로 등산을 즐길 수 있었으나 주발봉은 상천역에서 오를 수 있는 정상 남쪽 방면 외에는 정상 북쪽 방면 등기점으로의 접근이 쉽지 않았기 때문이다.

그러나 2010년 12월 21일 경춘선 복선전철이 개통됨과 동시에 가평읍내의 가평역이 주발봉 북동릉 끝머리인 달전리로 이전되면서 가평역에서 주발봉으로 오르는 등산로가 개설돼 전철을 이용하는 산행코스로 인기를 얻게 됐다. 정상에서는 가평읍 방면 남이섬과 어우러진 아름다운 북한강 풍광과 화악산 방면 파노라마를 즐길 수 있다.

산행 코스는 큰골능선을 타고 호명호수에 올라선 다음 주능선을 따라 정상으로 향하는 코스와 상천역에서 약 2km 떨어진 상천저수지에서 330m봉 능선을 경유해 정상에 오르는 코스, 그리고 가평역에서 금대리행 군내버스로 닿는 산유리에서 분자골을 경유해 정상에 오른 다음 가래골을 타고 이화리로 내려오는 코스가 있다.

상천역 기점 코스는 큰골능선과 상천저수지 코스 두 가닥으로 나뉜다. 산중호수인 호명호수를 경유하는 큰골능선 코스를 타려면 상천역을 빠져나와 상천마을 직전 오른쪽 갈림길로 접어들어야 한다. 큰골능선은 3.3km 길이로 오를수록 능선이 가팔라져 호명호수까지 2시간30분은 잡아야 한다. 호명호수에서 주발봉으로 가려면 전망대에서 북쪽 능선을 따라야 한다. 능선~호명호수~주발봉~빛고개 코스는 6시간 이상 잡아야 한다.

큰골 아래쪽 잣나무숲은 대중교통편이든 자가용이든 서울에서 멀지 않은 곳에 있으면서도 계곡을 낀 숲이 울창해 수도권 백패커들에게 인기다. 수년 전 캠핑장으로 새롭게 단장했다.

빛고개에서 북서릉으로 30분 오른 전망장소에서 큰멧골 건너로 본 주발봉 정상. 계곡의 건물은 에덴성전(일명 알곡성전)이다.

큰골능선 코스보다는 상천저수지 기점 코스가 더욱 인기가 있다. 상천역에서 철길 오른쪽 상천초등학교 담장을 끼고 나오면 오른쪽으로 상천4리 회관 앞이다. 여기에서 왼쪽으로 빠져나와 호명호수 방면 찻길을 따라 20분쯤 걸으면 상천저수지 둑 아래에 닿는다.

교통

열차 상봉역→상천역·가평역
용산역·청량리역~가평역 춘천역행 ITX 청춘열차
버스 청량리역 앞 환승정류소에서 1330번·1330-2번·1330-3번 직행좌석버스

볼거리

호명호수 한국 최초의 양수발전소인 청평양수발전소의 상부에 양수발전을 위한 물을 저장하기 위하여 인공적으로 조성한 호수로서 면적은 47만 9,000㎡이다. 호명산으로 올라가 장자터고개를 지나 300m 정도 가면 볼 수 있는데, 수려한 산세와 드넓은 호수가 아름다운 경관을 빚어내 가평팔경의 제2경으로 꼽힌다. 능선을 따라 곳곳에 핀 야생화와 각양각색의 버섯을 관찰하는 재미도 색다르며, 팔각정에서 내려다보는 청평호반의 경관 또한 그림 같다. 호명산 아래로 길게 펼쳐진 계곡은 산과 호수를 찾은 사람들에게 휴식처를 제공한다.

1 가래골 상단부 초원지대.
2 발전소 고개 북쪽 주발봉 방면 능선길이 시작되는 지점의 푯말.

45 중미산

인터넷에 안 나오는 숨은 명산 지도첩 52

경기도 가평군 설악면
양평군 서종면

1:25,000

45 중미산 仲美山

높이 834m
위치 경기도 가평군 설악면·양평군 서종면
매력 포인트 탁트인 조망

1 삼태봉 정상에서 북으로 본 통방산(왼쪽)과 681.2m봉(앞쪽 가운데).
2 중미산 정상에서 본 북동릉. 송전탑 뒤로 홍천군과 경계인 장락산이 보인다.
3 삼태봉 정상비석. 가운데 멀리 서울 북한산과 도봉산이 보인다.

유명산도 울고 갈 일망무제 조망…명달계곡과 벽계천도 아름다워

소구니산과 더불어 서너치고개(선어치고개)를 사이에 두고 솟아 있는 중미산은 1980년대 등산붐이 일어날 때도 인근 유명산에 가려 빛을 보지 못했었다. 그러다 1992년에 중미산자연휴양림이 조성되며 주말산행지로 각광을 받기 시작했다. 유명산과 어비산에 뒤지지 않을 정도로 정상에서 바라보는 조망이 일품이기 때문이다. 특히 쾌청한 날에는 정상에서 사방으로 약 40km 가까이 막힘없는 조망을 즐길 수 있다.

북으로는 삼태봉과 통방산 뒤로 화야산과 운악산, 화야산 오른쪽 곡달산 뒤 멀리로는 경기 제1고봉 화악산이 보인다. 북동으로는 장락산, 장락산 뒤 멀리로는 춘천 대룡산과 홍천 가리산 등이 시야에 와 닿는다.

중미산에서 계속 북진하는 능선은 약 4.5km 거리에 삼태봉三台峰(684m), 삼태봉에서 약 1.2km를 더 나아간 지점에 통방산通方山(650m)을 빚어 놓은 다음, 여맥들이 명달천과 벽계천으로 스며든다. 중미산은 휴양림 방면에서 오르자면 산행 길이가 너무 짧다. 따라서 삼태봉과 통방산을 경유하는 능선종주가 인기가 높다. 아니면 북쪽 명달리를 기점으로 능선 일부를 타고 휴양림 방면으로 하산하는 경우도 많다.

산릉 서쪽 명달리는 중미산에서 발원한 삼각골과 명달천이 긴 협곡을 이룬다. 산릉 동쪽 벽계천은 용문산에서 발원한 유명산 계류와 어비계곡 물줄기가 가일리에서 합수되어 북쪽으로 흐르다가 천안리에서 서쪽 노문리에 이르러 명달천과 만나고, 서쪽 수입리에 이르러 북한강으로 합수된다. 이 삼각골~명달리계곡과 북쪽과 동쪽을 에워싸고 있는 아름다운 벽계천 풍광이 중미산, 삼태봉, 통방산 산세를 더욱 돋보이게 해준다.

일부 지도앱에서는 서너치고개에서 중미산으로 바로 치고 오르는 등산로가 표기돼 있지만, 이 등산로는 현재 폐쇄된 상태다. 예전에는 정상 남쪽 37번국도가 지나는 서너치고개에서 정상으로 오르는 것이 교과서였다. 등산로 입구의 제설자재보관창고(국토교통부 의정부 국토관리사무소 소관)에 외부인들의 접근을 막기 위해 펜스를 설치하며 등산로 입구가 막혔다. 그래서 이 방면에서는 서너치 서쪽 아래 중미산자연휴양림에서 오르내리는 코스가 서너치고개 코스를 대신하고 있다.

중미산~삼태봉~통방산 종주코스는 건각인 경우 별 문제없이 산행이 가능하다. 초심자 또는 산행시간이 늦을 경우에는 절터고개 남쪽 삼거리에서 동쪽 방일리 전위골로 하산하면 된다. 중미산~삼태봉 구간에서 탈출로는 전위골뿐이다. 7~8시간 정도 걸린다. 주능선 서쪽 삼각골을 지나는 임도길은 MTB 마니아들이 자주 찾는다.

교통
중미산자연휴양림에서 출발할 경우에는 경춘선 아신역, 명달리에서 휴양림 방면으로 하산할 경우에는 경춘선 양수역에서 버스로 환승할 수 있다. 아신역에서는 한화리조트 종점까지 운행하는 6번 버스가 있으나 들머리까지 걸어가기에는 다소 멀다. 중미산자연휴양림을 거치는 6-6번 버스는 하루 2회(08:30, 14:40)만 운행한다.
명달리는 88-2, 88-4, 88-6번 버스가 각각 아침, 점심, 저녁에 한 번씩만 운행한다. 버스 시간대가 까다롭기 때문에 이에 맞춰 산행 계획을 세우기 어렵다면 택시를 이용하는 것이 좋다.

볼거리
중미산천문대 유료로 이용할 수 있는 천문대로 전문 관측 장비를 통해 직접 별을 관람할 수 있어 많은 관람객이 찾는 곳이다. 저녁 8시부터 진행되는 별자리 관찰 프로그램은 1인당 약 2만 원 가량의 체험비를 받는다. 반드시 예약해야 한다. 별의 원리부터 밤하늘의 별자리 카시오페아, 북극성 등을 찾는 방법 등 별에 관한 공부도 함께할 수 있다.

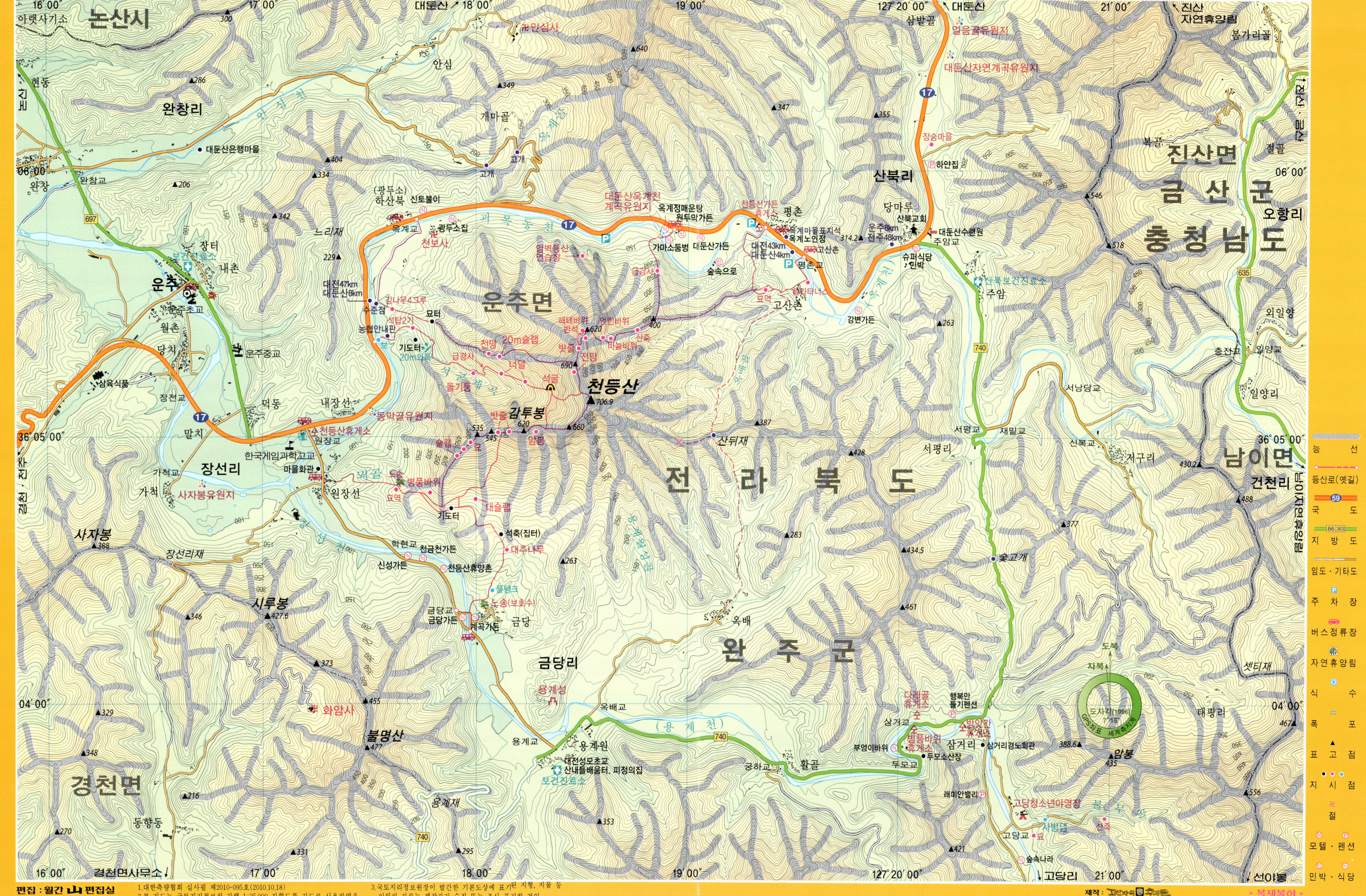

46 천등산 天登山

높이 707m
위치 전라북도 완주군 운주면 금당리·장선리·산북리
매력 포인트 대둔산 뺨치는 자연미

대둔산 그늘에 가려 있지만, 못지않게 빼어난 암골미

천등산 행정구역은 전라북도 완주군 운주면 금당리 장선리 산북리에 속한다. 면소재지는 장선리에 있다.

천등산은 옛날부터 '호남의 금강산'이라 불리며 '완주 8경'에 드는 대둔산大芚山(879m) 명성에 가려 있는 산이다. 그러나 천등산도 엄연히 대둔산도립공원에 편입되어 함께 관리되고 있다. 그래서 태곳적 자연미를 고스란히 간직하고 있다.

옛날 천등산과 대둔산은 계룡산 못지않게 기도발이 좋은 곳으로 소문났던 곳이다. 그러나 두 산 모두 도립공원으로 지정된 이후로는 무속인들 발길이 거의 끊어진 상태다. 그러나 천등산에는 지금도 무속인들이 찾아 기도를 올리고 있다.

천등산 이름은 후백제 초대 왕 견훤(867~936)과 연관되어 있다. 견훤이 후백제를 세우려고 천등산에 산성을 쌓고, 적군과 대치 중 한밤중에 적의 습격을 받았다. 이때 대둔산 용굴 안에 있던 용이 닭울음소리를 내서 밤잠을 자던 견훤을 깨우고, 천등산 산신이 밝은 빛을 내비치서 견훤이 적군을 되받아쳐 승리했다는 전설이 전해진다.

이후부터 산 이름이 하늘天이 불을 밝혀燈 준 산이라는 뜻으로 천등산天燈山, 용龍이 흉내 낸 닭鷄 울음소리를 들었다는 천등산 남쪽 산성 이름이 용계성龍鷄城으로 불리게 되었다고 전한다.

천등산은 이웃하고 있는 대둔산 못지않게 사방으로 빼어난 암골미를 자랑하는 벼랑들로 에워싸여 있다. 그래서 등산로는 대부분 벼랑지대를 좌우로 피하거나 타고 넘는다. 그래서 산악풍광이 한층 더 돋보인다. 여기에다 암벽등반 훈련장인 '하늘벽암장'과 '석굴계곡 암장'이 정상 북쪽과 서쪽에 각각 자리해 암벽등반 마니아들에게도 인기가 많다.

천등산의 암장이 클라이머들에게 알려진 것은 리지등반을 하기 시작한 뒤부터다. '어느 등반가의 꿈', '민들레', '처음처럼' 3개의 리지루트와 하늘벽이 있던 곳이다. 여기에 2010년에 전주 바위오름과 최정길씨가 '세월이가면', '필요해', '먼훗날', '묻지마', '그냥' 등을 추가해 지금은 리지 루트가 8개가 되었다. 루트의 이름들이 정겹다.

특히 산자락 북쪽을 에워싼 괴목동천 계곡과 산자락 남쪽에서 서북쪽으로 패어나간 장선천 금당계곡은 여름철이면 피서객들로 가득 차기도 한다. 천등산은 가을에도 제몫을 한다. 바위벽과 암릉들 사이를 아름답게 수놓는 단풍 풍광이 일품이다.

천등산 등산코스는 정상 동남쪽 산북리 고산촌~620m봉 동북릉 평촌 갈림길~비늘바위~620m봉~690m봉 광두소 갈림길~석굴 갈림길(대둔산도립공원 관리사무소 지정 제1코스), 정상 북서쪽 하산북 광두소식당~감나무 5그루 지점~690m봉 서북릉~690m봉, 또는 광두소 식당~감나무 5그루 지점~석굴계곡~석굴(관리사무소 지정 제3코스), 정상 서남쪽에서는 장선리 원장선~병풍바위~기도터(약사사) 갈림길~535m봉~545m봉~감투봉~660m봉(관리사무소 지정 제2코스), 금당리 원금당~보호수 노송~기도터(약사사)~545m봉과 감투봉 사이 안부~감투봉~660m봉(관리사무소 지정 제4코스) 경유 정상에 오르는 코스들이 대표적이다.

1 620m봉 전망바위에서 동쪽 아래로 조망되는 산북리 고산촌 마을. 왼쪽 멀리는 충남 제1봉인 서대산. 오른쪽 멀리는 금산군 진악산이다.
2 천등산 정상비석.
3 30m 길이 슬랩 상단부에서 뒤돌아 본 원장선마을.
4 예전부터 무속인들 기도터로 유명한 석굴. 오른쪽 바위 아래 토굴에는 무속인이 상주駐하고 있다.

교통
대전 서남부터미널(1688-5406)에서 1일 22회 운행되는 34번 시내버스 이용, 종점인 대둔산 휴게소에서 하차.

볼거리
괴목동천 계곡과 산자락 남쪽에서 서북쪽으로 패인 장선천 금당계곡은 여름철 인기 피서지. 바위벽과 암릉 사이를 수놓은 단풍 풍광은 가을철 산행지로 일품.

47 천보산

인터넷에 안 나오는 숨은 명산 지도첩 52

경기도 양주시 / 포천시 소흘읍 / 의정부시

1:28,000

47 천보산 天寶山

높이 336m
위치 경기도 양주시 광사동·의정부시 금오동
매력 포인트 가기 편하고 전망 좋고 얘깃거리 풍부

의정부·양주가 한눈에 들어오는 '하늘의 보배로운 산'

경기도 포천시 소흘읍과 의정부시 자금동 경계를 이루는 축석령에서 남서진하던 한북정맥은 약 2km 거리인 235m봉에 이르면 방향을 북서쪽으로 틀어 큰데미(219m)~고장산(203m)~도락산(441m)~불국산(470m) 방면으로 이어진다. 반면, 235m 봉에서 한북정맥과 갈라져 남서쪽으로 직진하는 능선이 있다. 이 능선을 따라가면 나오는 산이 천보산이다.

천보산은 의정부시, 양주시, 포천시 주민들이 수시로 오르내리는 인기 산이다. 전철과 버스 등 대중교통편이 편하기 때문에 수도권 등산인들도 많이 찾는다. 산중에는 중요 등산로마다 운동시설이 함께 있는 새무골약수터, 금오초소약수터, 상산약수터, 천보산약수터 등 오염 안 된 약수터들이 자리해 체력단련을 겸해 약수를 길어가는 사람들 발길도 끊이지 않는다.

천보산 정상을 비롯한 봉우리 곳곳에 고구려시대부터 있었다는 보루堡壘(조망 좋은 지점에 축조되어 주변을 내려다 볼 수 있는 작은 성) 터들이 말해 주듯이 주능선에서 시원하게 펼쳐지는 조망이 일품이다. 뿐만 아니라 등산로 곳곳에는 전망장소를 대신하는 아기자기한 바위지대와 벤치가 놓인 쉼터들이 연이어 나타나 산행 중 마음 내키는 자리에서 조망을 즐기며 다리쉼하기에도 그만이다.

주능선을 가운데 두고 작은 지능선과 계류들을 횡단하는 숲길들도 잘 조성되어 있다. 양주시 삼숭동과 양주2동 자이아파트 뒤편 산자락에는 산림욕장과 '양주 숲길'이 조성되어 있다.

천보산 산세는 북동쪽 어하고개부터 남서쪽 의정부시 금오동까지 길게 이어져 있다. 이 산세를 두고 전체적으로 천보산맥으로 부르기도 한다. 천보산맥은 북서쪽 양주시 마전동, 만송동, 양주2동, 삼숭동, 북동쪽(축석령 북쪽) 포천군 소흘읍 이동교리와 무림리, 남동쪽(축석령 남쪽) 의정부시 자일동과 금오동 경계를 이룬다.

재밌는 것은 천보산은 한북정맥에 속하지 않지만, 역설적으로 한북정맥 종주꾼들이 자주 찾는 곳이라는 점이다. 블랙야크 한북정맥 인증지점인 천보산 3보루 지점을 지나, 한북정맥과 천보산맥으로 갈라서는 지점에서 한북정맥 길이 골프장 건설로 인해 막혔기 때문이다. 이 때문에 정맥꾼들은 천보산맥을 따라 천보산 정상을 향하곤 한다.

또한 태조 이성계와 무학대사가 넘었다는 여하고개, 비운의 조선왕자 인성군묘, 강제로 청나라로 끌려간 의순공주의 족두리산소 등이 산자락에 자리해 등산과 더불어 문화관광도 풍요롭게 즐길 수 있다.

교통
천보산 정상으로 바로 오를 수 있는 금오초등학교 방면 들날머리에는 의정부경전철 동오역, 새말역, 효자역이 지나고 있어 쉽게 접근할 수 있다. 산맥을 종주하고 금오초등학교 방면으로 하산하는 경우에는 GS자이5단지 아파트를 들머리로 삼는 것이 좋다. 1호선 양주역에서 GS자이5단지 정류장까지 마을버스 2-4번이 상시 운행한다. 택시를 타도 만 원 이내로 갈 수 있다.

볼거리
조선왕자 인성군묘 금오초소에서 왼쪽 돌계단을 오르면 오래된 묘가 나온다. 선조의 일곱 번째 아들인 인성군(1588~1628) 묘다. 이괄의 난에 가담한 죄로 진도에서 죽임을 당한 비운의 왕자다. 인성군의 호는 백연단이고, 어머니는 정빈 민씨閔氏다. 선조 32년(1599) 인성군에 봉해지고, 사옹원 봉부시의 도제조와 종친부에 재직하면서 관기를 확립했고, 광해군 때 인목대비의 폐위를 주장했다.

1 제2보루 터가 있는 정상에서 북동으로 본 양주분지(가운데)와 천보산맥(오른쪽).
2 성바위에서 남서쪽으로 본 천보산 정상.
3 제3보루 바위지대 내리막길에서 백석이고개 건너로 본 성바위와 소나무.
4 천보산산림욕장에서 15분가량 오르면 나오는 기암인 의자바위.

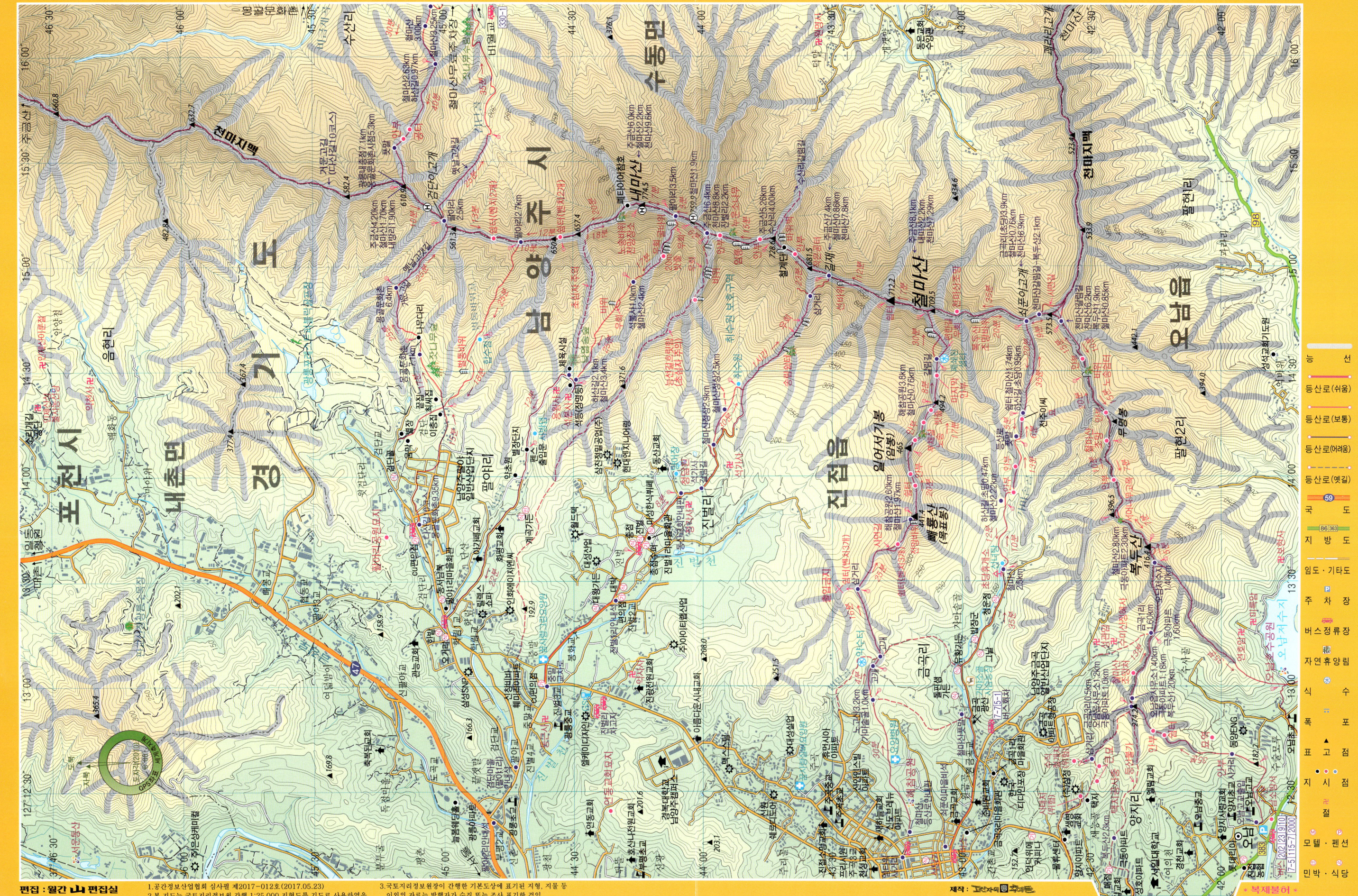

48 철마산 鐵馬山

높이 710m
위치 경기도 남양주시 진접읍
매력 포인트 아기자기하고 잘 보존된 자연 숲길

주금산과 천마산 이어 주는 다리 역할

철마산은 웅장한 산세를 자랑하진 않지만, 아기자기한 산행과 훼손 없이 보존된 자연을 즐길 수 있는 산이다. 특히 교통이 발달하면서 접근성이 개선돼 찾기 좋아졌다.

철마산이란 이름은 옛날 이 산기슭을 지나던 어느 도사가 "이 산에서 미래에 철鐵이 나올 것"이라고 예언했고, 정상을 이루는 바위 모습이 말머리馬頭를 닮았다는 데서 생긴 이름이라 전해진다. 또는 옛날에 장군이 암굴에서 철마를 타고 나왔다는 전설이 있어 유래했다고도 한다.

철마산은 경기도 남양주시 오남읍·진접읍과 수동면 경계를 이루고 있다. 산 동쪽은 물 좋고 계곡 좋기로 유명한 비금계곡으로 유명하다. 산 서북쪽 진접읍 팔야리는 태조가 함흥에서 한양으로 돌아오면서 여덟 밤을 묵어갔다는 역사적인 고장이다.

철마산은 천마지맥에 속한다. 주금산에서 계속 남진하는 천마지맥은 약 6km 거리에 내마산(775m)을 솟구친 다음, 약 2.2km 거리를 더 나아가 철마산을 빚어 놓았다. 철마산을 뒤로하는 천마지맥은 약 6.9km 거리에 천마산天馬山(810m)을 들어 올린 다음, 계속 남으로 세를 과시하며 백봉~고래산~갑산~운길산~예봉산 등을 빚어 놓은 다음, 여맥을 팔당호 및 한강에 가라앉힌다.

철마산은 주금산과 천마산 사이를 이어 주는 다리 역할을 하는 산이다. 그래서 건각들은 주금산에서 철마산을 다리 삼아 천마산, 또는 이 코스를 역으로 약 20km에 이르는 종주산행을 즐기기도 한다.

철마산은 당일산행 코스로도 인기가 많다. 서울에서 연결되는 대중교통편이 원활하다. 정상부 능선에서 즐기는 조망도 일품이다. 서울 방면 불암산과 수락산 뒤로 병풍을 두른 듯 펼쳐지는 북한산과 도봉산 조망이 그것이다. 가을이면 단풍이 곱게 내려앉아 절경을 이룬다.

철마산은 정상에서 북쪽 내마산 방면으로 이어지는 천마지맥을 중심으로 서쪽 방향에서 오르고 내리는 등산코스들이 대부분이다. 정상 서남쪽 오남저수지~복두산~쇠푼이고개, 정상 서쪽 금곡리 상금아파트 정류장~쇠푼이마을 입구~가마솥골~선녀탕~쇠푼이고개, 해참공원~빼룡산~일어서기봉~철마산 서릉, 정상 서북쪽 진벌리 마을버스 종점~진벌1리 마을회관~동산교회 갈림길~석가사 갈림길~681.5m봉 서북릉~길재 경유 정상에 이르는 코스들이 많이 이용된다.

진벌리 북쪽 팔야리에서는 팔야1리 마을회관~학림골~석본사~내마산 남쪽 천마지맥 팔야리 갈림길, 팔야리 북쪽 버스종점~단산마을~거문고길~검단이고개~내마산~팔야리 갈림길~헬기장~729m봉(암봉)~철계단~길재 경유 정상에 이르는 코스들이 가장 뚜렷하고 많이 이용된다. 또는 이 코스를 역으로 운행하기도 한다. 팔야1리 버스종점에서는 검단이마을~다산길 10코스~검단이고개~내마산으로 향하는 코스가 대표적이다.

1 쇠푼이고개에서 20분가량 올라간 복두봉 조망바위에서 가마솥골 건너로 본 복두산 정상(오른쪽 끝).
2 일어서기봉을 지난 494m봉 송림지대에서 마주본 철마산 정상.
3 쇠푼이고개에서 약 45분 거리에 있는 가마솥골 합수점인 선녀탕. 여름철에는 주변 암반지대에서 물놀이를 즐기는 이들이 많다.

교통

경춘선 사릉역에서 금곡리 방면으로 운행하는 버스가 많다. 사릉역 정류장에서 땡큐60, 땡큐70, 91, 202, 9, 9-1, 5-1번 버스들이 환승 없이 한 번에 간다. 가장 최단 시간으로 가는 버스는 땡큐60이다.

볼거리

미호박물관 미호박물관은 자연사라는 콘텐츠를 기반으로 과거 생명체들의 흔적인 진본화석과 광물, 암석 및 곤충 표본 등의 수집, 보전, 교육, 전시 등을 수행하고 있다. 자연을 느끼며 심신의 안정을 취할 수 있고, 특히 어린이들은 자연과 공룡을 친구로 맞이할 수 있는 공간이다. 지구 최초의 생명체 화석인 스트로마톨라이트를 비롯해 고생대, 중생대 시대의 동물, 식물 화석들을 다수 소장하고 전시하고 있다.

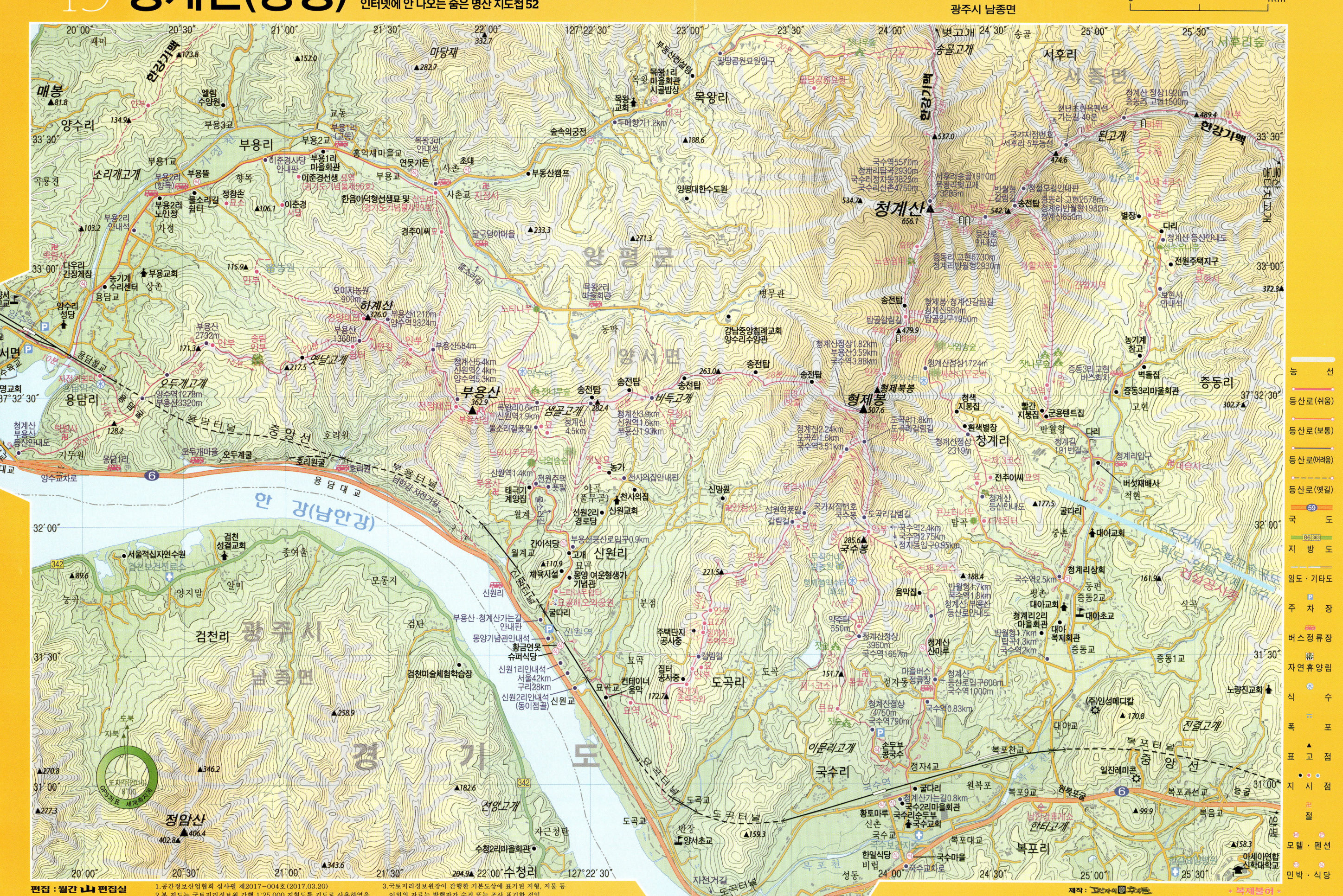

49 청계산 清溪山

높이 656m
위치 경기도 양평군 양서면·서종면, 광주시 남종면
매력 포인트 교통 편리하고, 산행 쉽고, 전망까지 시원

중앙선 전철 타고 오르는 한강기맥!

서울 서초구의 청계산과 다른 산이다. 경기도 포천의 한북정맥에도 청계산이 있어, 수도권에만 3개의 청계산이 있다. 양평 청계산은 이들 중 가장 덜 알려진 산이지만 산세가 가진 힘이나 매력은 적지 않다.

양평 청계산은 한강기맥이 빚은 마지막 명산이다. 한강기맥은 백두대간 오대산 두로봉에서 갈라져 나와 서쪽으로 뻗어 경기도 양평 두물머리까지 이어지는 167km의 산줄기다. 강원도를 횡으로 지탱하는 상징적인 능선인 것. 이 장대한 산줄기의 끄트머리에 청계산이 솟았다. 형제봉을 지나 부용산과 하계산이 있지만 300m대의 낮은 육산이라, 청계산이 한강기맥의 산다운 마지막 봉우리라 할 수 있다. 청계산은 656m로 그리 높지 않은 것 같지만, 남한강에 인접해 있어 걸어서 올라가는 높이는 낮지 않다.

청계산 일대의 산줄기는 한강과 인접해 있고, 경의중앙선과도 접해 있어 교통이 편리한 장점이 있다. 양수역, 신원역, 국수역에서 산 입구가 가까워 갈수록 인기를 끌고 있다. 특히 산줄기를 따라 종주하더라도 다음 역에서 전철을 탈 수 있어, 꼭 원점회귀해야 할 필요가 없다.

청계산의 장점은 서울과 가까우면서도 강원도 깊은 골에 들어온 듯한 느낌을 받는다는 것. 숲이 울창하고 초본류가 많아 산에 들면 청정한 느낌에 온몸이 상쾌해지는 것 같은 느낌을 받는다. 코스에 따라 차이가 있지만 전반적인 산행이 쉬운 편이라, 실버산행이나 초보자 산행지로도 안성맞춤이다. 텐트 치기 좋은 전망데크도 간간이 있어 백패킹 마니아들도 많이 찾는다.

청계산은 1990년대 백두대간, 정맥, 기맥 등 종주산행이 유행하면서부터 이름을 알리기 시작했다. 한강기맥 종주의 경우 양수리가 기점이 되며 반드시 청계산을 경유해야 한다. 여기에다 2008년 중앙선 전철이 국수역까지 개통되면서부터 찾는 사람이 늘었다. 산세가 부드러운 육산에다 위험지역이 거의 없고, 해발 600m급 산 치고는 사방으로 시원하게 펼쳐지는 조망도 대단하다.

등산코스는 주능선을 경계로 남한강변인 용담리 양수역, 신원리 신원역, 국수리 국수역, 청계리와 중동리 방면에서 오르내리는 것이 일반적이다. 용담리에서는 양수역을 기점으로 하계산을 따라 산줄기 종주를 하는 것이 일반적이다. 신원역에서는 샘골고개로 올라 형제봉으로 종주하거나 반대 방향인 양수역 방면으로 종주하는 것이 일반적이다. 형제봉 남릉을 거쳐 형제봉 정상과 청계산 정상에 이르는 코스도 있다. 국수역에서는 국수봉을 거쳐 형제봉에 이르거나, 국수역에서 버스나 택시로 청계리와 중동리 방면으로 이동하여 산행하는 것이 코스가 있다.

가장 인기 있는 코스는 양수역에서 출발해 하계산부터 능선을 타고 종주하는 것. 청계산 정상까지 10.5km이며 5시간 정도 걸린다. 꾸준히 오르막이 계속 이어지므로, 체력 소모가 커 형제봉에서 국수역 방면으로 하산하는 사람이 많다. 정상까지만 1시간 정도 걸리고, 전철역에서 더 멀어지는 셈이라 형제봉을 산행의 정상으로 삼는 이들이 많다.

청계산 정상은 사방으로 막힘 없는 경치를 자랑한다. 가까운 곳은 운길산, 멀리로 북한산과 도봉산, 잠실 롯데월드타워가 시야에 들어온다. 정상에서 하산은 542.1m봉을 지나 지능선을 따라 반월형마을로 내려서는 것이 일반적이다. 정상에서 중동2교 앞 청계리상회(청계리국수집)까지 4.5km이며 2시간 30분 정도 걸린다.

1 부용산 정상. 뒤로 봉긋 솟은 봉우리가 청계산 정상이다.
2 형제봉 정상. 표지석과 벤치가 있다.
3 부용산 전망데크에서 본 서쪽 양수리 방면 산줄기와 남한강.

교통

경의중앙선 전철로 접근하는 것이 효율적이다. 청량리에서 양수역까지 54분 걸리며 보통 15분 간격(05:35~23:59)으로 운행한다. 중동리 방면으로 산행할 경우 국수역에서 택시를 타고 산입구로 이동하는 것이 효율적이다.
국수콜택시(031-774-1482).

볼거리

세미원 양수리역에서 가까워 산행 후 부족한 2%를 채워 줄 수 있는 볼거리다. 물과 꽃의 정원이라 불리는 세미원은 경기도 지방정원 1호로 지정되었을 정도로 유명한 정원이다. 2004년 두물머리 207,587㎡(6만 2,000여 평) 부지에 문을 연 세미원은 수생·초본·목본식물등 보유식물 270여 종을 보유하고 있다. 세미원洗美苑이라는 명칭은 고전의 '관수세심觀水洗心하고 관화미심觀花美心하라'에서 따온 것으로 "물을 보고 마음을 씻고 꽃을 보며 마음을 아름답게 하라"는 의미다. 입장료 5,000원. 매주 월요일은 휴무.

50 칠봉산 七峰山

높이 447m
위치 경기도 용인시 처인구 양지면·원삼면·이동면
매력 포인트 볼거리가 많아요

미리내성지, 와우정사, 마애보살상… 하산 길이 설레는 산

한남정맥은 경기도 안성시 칠장산에서 북서쪽으로 뻗어 김포시의 문수산에 이르는 200㎞ 길이 산줄기이다. 모두 13개의 한남정맥 구간 중 5개 구간이 용인시를 지나가고 있다. 용인 구간을 관통하는 한남정맥은 가현치~달기봉~구봉산~문수봉~함박산~부아산~석성산~소실봉~형제봉~광교산으로 길이가 73㎞에 달한다. 한남정맥 중 문수봉文殊峰(403m)에서 북으로 가지 치는 능선이 앵자지맥이다. 앵자지맥이 약 2㎞ 거리에 이르러 빚어 놓은 산이 칠봉산七峰山이다.

칠봉산이 자리한 용인시는 옛날 용구현龍駒縣과 처인현處仁縣을 합치고 용구에서 용龍자와 처인에서 어질 인仁자를 합쳐서 용인현이라고 칭하다가 양지군陽智郡을 합쳐 오늘의 용인시가 되었다.

칠봉산은 경부고속국도 신갈분기점에서 동쪽 호법분기점 방면 영동고속국도를 따르다가 중간쯤 되는 양지분기점에 이르면 남쪽 양지면소재지 건너로 보이는 산이다. 양지파인리조트 스키장 뒷산이 칠봉산인 셈이다.

칠봉산 일원에는 스키장을 비롯해 천주교 김대건 신부 사목활동길로 유명한 은이성지길과 미리내성지, 용인청소년수련장, 독조봉 해맞이공원, 용인 8경 중 제3경이라는 곱든고개에서 용담저수지를 내려다보는 풍광, 문수봉 마애보살상, 호국사찰 와우정사 등 유명 관광명소들이 많다.

칠봉산은 등산로가 사방팔방으로 연결되어 있다. 여기에다 수도권에서 대중교통편이 편리하고 유명 관광명소가 많다. 그래서 칠봉산은 가족단위 또는 지인들과 어울려 하루산행을 즐기기에 좋은 산이다. 칠봉산은 용인에서는 시내버스, 서울에서는 수도권 광역버스 및 시외버스로 접근이 편한 양지면 남곡리 방면에서 가장 많이 오르내린다.

남곡리 방면에서는 용인시 개인택시조합을 출발해 형제봉~은이산~신덕고개~칠봉산 남릉, 은이골 은이성지~신덕고개~칠봉산 남릉 경유 칠봉산에 오르는 코스와, 양지면 평창리 방면 무수막골 입구~326.8m봉~용실산 북릉~갈미봉, 용인시 청소년수련원~독조봉~용실고개~용실산~갈미봉 경유 칠봉산 정상에 이르는 등산로가 가장 많이 이용되고 있다.

칠봉산 남동쪽 원삼면에서는 좌항리 좌전 삼거리~좌항초교~보각사~독조봉~용실고개, 또는 보각사 입구 왼쪽 계곡~용실고개~용실산~갈미봉 경유 칠봉산으로 향하는 등산로가 가장 뚜렷하다.

원삼면 사암리 용담저수지 남단에서 가장 많이 이용되는 코스는 사암주유소~곱든고개~칠봉산 남릉(앵자지맥), 고당리 법륜사~한남정맥~문수봉~앵자지맥~곱든고개~칠봉산 남릉 경유 칠봉산으로 향하는 코스가 인기가 있다.

칠봉산 남서쪽 처인구 해곡동 방면에서는 와우정사~별미고개~은이산~신덕고개~칠봉산 남릉 경유 칠봉산에 오르는 코스가 대표적이다.

문수봉 정상 동남부 약 150m 거리인 해발 350m 위치에 마애보살상磨崖菩薩像이 있다.

보살상은 마치 책갈피를 펼쳐놓은 듯 △자로 꺾인 바위벽 양쪽으로 새겨져 있다. 양쪽 모두 발끝부터 머리끝까지 높이가 약 2.7m 규모다. 왼쪽 벽면 보살상은 북동쪽, 오른쪽 보살상은 해가 뜨는 쪽인 남동쪽을 보고 있는 형상이다. 이곳 산 이름이 문수봉인 것으로 미루어 왼쪽은 문수보살, 오른쪽은 보현보살로 추정하고 있다. 전체적인 양식과 조각수법으로 보아 고려 전기에 조성된 것으로 보인다.

1 독조봉 전망데크에서 남서쪽으로 본 칠봉산 주능선. 가장 앞쪽 용실산 뒤로 살짝 보이는 봉이 칠봉산 정상이다.
2 고려 전기 조성으로 추정되는 마애보살상.
3 은이성지 기념비석. 비석에 숨길 은자를 써서 은리隱里라고 음각되어 있다.

교통

버스
서울 남부터미널→양지 양지사거리에서 하차.
서울 동서울터미널→용인 동서울터미널 동쪽 맞은편 테크노마트 버스 환승장 승차.

볼거리

와우정사 경기도 용인시 해곡동 연화산에 있는 절. 대한불교열반종의 총본산으로 1970년 실향민인 김해근(법명 해곡 삼장법사)이 부처의 공덕으로 민족 화합을 이루기 위해 세운 호국 사찰이다. 현존하는 건물로는 열반전·대각전·범종각·요사채 등이 있다. 열반전에는 인도네시아에서 들여온 통향나무를 다듬어 만든 길이 12m, 높이 3m의 열반상(와불상: 누워 있는 불상)이 봉안되어 있어 와불전이라고도 한다. 이 열반상은 인도네시아 향나무로 조성한 세계 최대의 목불상으로 기네스북에 올라 있다.

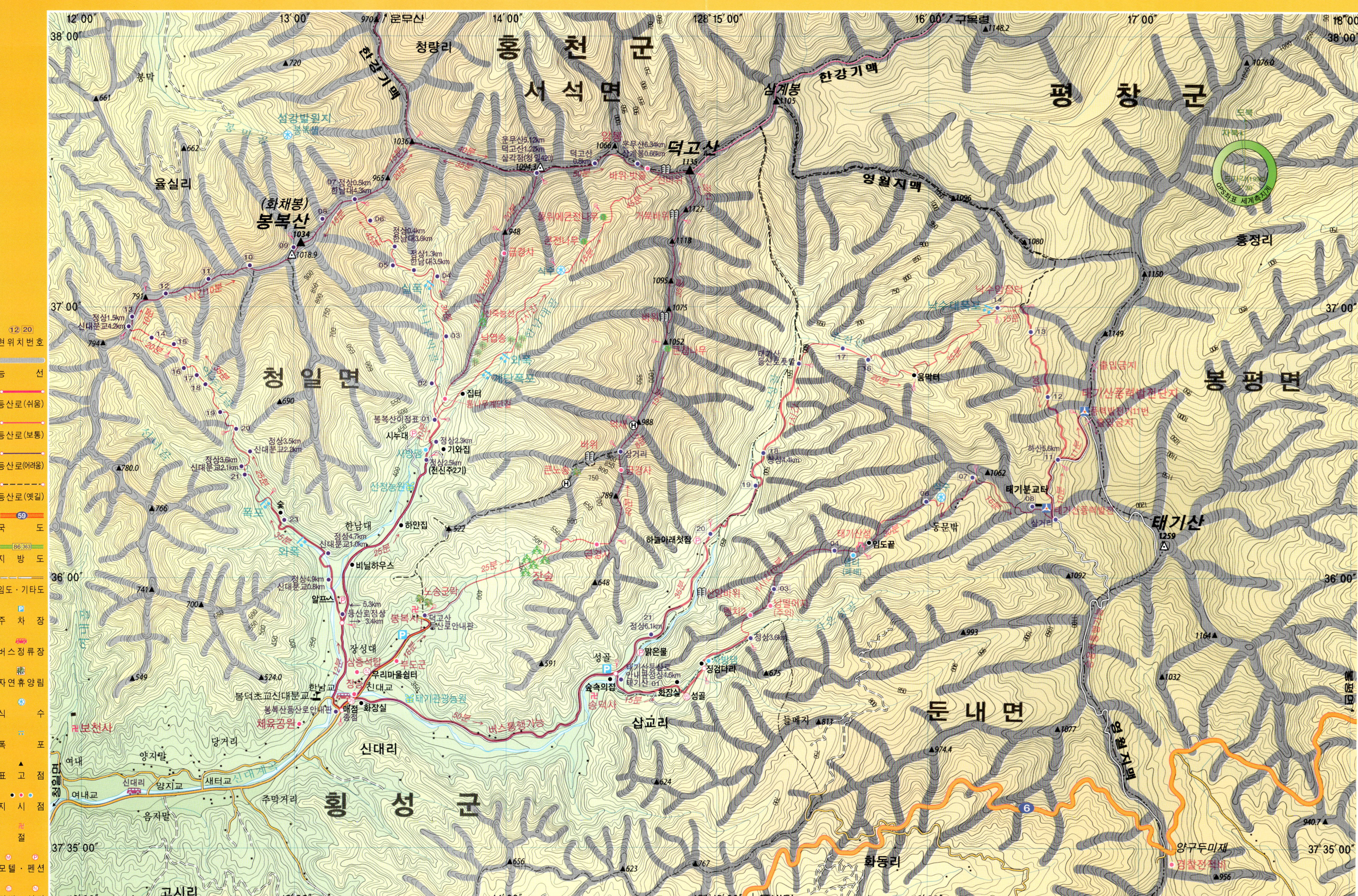

51 태기산 泰歧山
덕고산 德高山

높이 1,259m, 1,135m
위치 강원 횡성군 둔내면 화동리
매력 포인트 풍력발전기의 장관

양두구미재에서 정상까지 300m, 산책하듯 강원도 준령을 볼 수 있는 산

삼한시대 진한辰韓의 마지막 왕인 태기왕이 이 산에 성(태기산성)을 쌓고 신라군과 싸웠다는 전설을 간직한 산이다. 태기산 볼거리 중에 빼놓을 수 없는 것이 풍력발전단지다. 2008년에 건설된 풍력발전단지에는 풍차 형태인 발전기 20기가 세워져 있다. 청정에너지인 바람을 받아 푸른 하늘을 가르는 40m 길이 날개가 80m 높이 발전시설 기둥 꼭대기에 매달려 세차게 돌고 있다. 태기산에는 추억어린 볼거리도 있다. 1960년대 화전민 자녀들의 유일한 교육 장소였던 태기분교 터가 그것이다. 태기분교 터는 어린이를 동반한 가족동반 탐방장소다.

태기산은 정상에 오를 수 없는 것이 흠이다. 정상에는 군부대가 주둔하고 있다. 예전에는 군부대 들머리로 볼 수 있는 11번 풍력발전기 앞까지만 올라갈 수 있었다. 그러다가 수 년 전 11번 풍력발전기에서 정상 방향(남쪽)으로 약 0.5km 거리인 8번 풍력발전기 옆에 정상비석과 태기산전망대가 세워져 이제는 전망대에서 정상에 오른 기분을 조금이나마 느껴 볼 수 있게 되었다. 태기산전망대에서 펼쳐지는 파노라마도 일품이다. 이곳에서 서남으로는 둔내면소재지가 멀리 치악산 비로봉과 함께 조망된다. 치악산 비로봉에서 오른쪽으로는 횡성읍과 청일면 고시리, 고시리 오른쪽으로는 갑천면 구릿봉과 어답산이 시원하게 펼쳐진다. 쾌청한 경우에는 어답산 뒤 멀리 경기도 양평 용문산도 보인다.

태기산은 수도권에서 대중교통편으로 찾아가기가 수월하다. 횡성역이나 둔내역까지 강릉행 KTX 고속철도를 이용하면 여유 있게 당일산행을 즐길 수 있다.

등산코스는 정상 남쪽 둔내면 화동리 양구두미재~바람개비동산(청정체험길 시점)~태기분교 터~정상길 입구(낙수대 갈림길)~11번 풍력발전기, 정상 서쪽 신대리 종점 주차장(봉복사 입구)~송덕사(큰 성골과 작은 성골 합수점)~작은 성골 하단부~태기산성 터~태기분교 터~정상길 입구(낙수대 갈림길)~11번 풍력발전기, 송덕사~큰 성골~주전골~낙수대~정상길 입구(낙수대 갈림길)~11번 풍력발전기 경유 태기산전망대에 이르는 코스가 대표적이다.

해발 980m인 양구두미재는 횡성군 둔내면 화동리에서 평창군 봉평면 무이리로 넘나드는 고개이다. 이 고개로 이어지는 6번국도는 주행走行하는 차량들이 예전처럼 많지 않다. 차량 대신 도로에는 자전거 주행을 즐기는 행렬들이 줄을 잇고 있다. 양구두미재를 넘는 6번국도가 한가해진 이유는 지난 동계올림픽 직전 양구두미재 밑으로 태기산터널이 뚫렸기 때문이다.

양구두미재에서 정상까지는 표고를 300m만 올리면 되는, 누구나 산책하듯 걸어갈 수 있는 평이한 포장길이다. 태기산은 조망이 탁월한데다 겨울철이면 양구두미재에 차를 세운 후 등짐을 메고 짧은 거리를 이동해 비박을 할 수 있기 때문에 백패커들에게 선자령과 함께 겨울철 눈을 즐기며 백패킹 할 수 있는 코스로 인기가 높다. 태기분교 터에 텐트를 치는 경우가 대부분이다.

둔내버스터미널에서 71번 군내버스가 화동리 종점까지 1일 2회(07:00, 19:15), 화동리 종점에서 둔내터미널로 2회(07:15, 19:30) 운행된다. 양구두미재까지 약 4km 거리 오르막길은 2시간 가까이 걸어야 된다. 양구두미재를 넘나드는 대중교통편은 택시뿐이다. 둔내에서 양구두미재까지 편도 택시요금은 2만3,000원 안팎. 20분 정도 걸린다.

1 태기산 정상의 풍력발전기.
2 봉복사에서 북동으로 본 덕고산 남릉. 왼쪽 능선에도 남릉으로 이어지는 산길이 있다.
3 남릉 1,127m봉 직전 기암인 거북바위.

교통

버스
동서울→횡성 동서울터미널(전철 2호선 강변역)에서 1일 9회(06:50~19:10) 운행. 요금 1만1,300원. 1시간 30분 소요(무정차).
열차
서울역~청량리역→횡성역~둔내역 서울역에서 1일 16회(05:11~21:01) 출발.

볼거리·특산물

태기산 트레킹로 강원도 횡성군 둔내면 삽교리에 위치한 임도를 테마임도로 지정해 2011년 16km에 달하는 트레킹로로 조성했다. 트레킹로 전 구간이 해발 800m 이상으로서 각 계절마다 고유의 아름다운 풍경을 만끽할 수 있어 최적의 트레킹코스로 각광받고 있다.

봉복사 청일면 신대리 산138번지에 있는 봉복사는 태기산 서쪽 기슭에 위치한 횡성군에서 가장 역사가 오래되고 규모 또한 큰 사찰이다. 봉복사의 창건연대는 사지寺誌에 따르면, 647년(신라 선덕여왕 16년)에 자장율사慈藏律師가 덕고산 신대리에 창건하고 삼상三像을 조성하여 봉안한 뒤에 오층석탑을 조성하고 봉복사鳳腹寺라 하였다고 한다.

52 환성산 環城山

높이 807m
위치 대구광역시 동구, 경북 경산시 와촌면·하양읍
매력 포인트 대구시내가 한눈에

팔공산에 가려진 대구 동쪽의 뷰view 맛집

환성산은 대구 북동쪽의 고즈넉한 명산이다. 대구 북동쪽 경산시와 경계를 이루는 능선이며, 팔공산을 잇는 고리 역할을 한다. 대구 시내 북쪽 병풍인 팔공산에서 남쪽으로 흘러 내린 산줄기에 환성산이 있다. 산 이름도 동쪽의 무학산과 북쪽의 팔공산을 대구 중심부로 끌어당기는 고리 역할을 한다고 하여, 고리 환環에 성 성城자를 쓴다는 설이 있다.

환성산 이름은 정상 동쪽 골짜기에 자리하고 있는, 신라 흥덕왕 10년에 창건된 환성사環城寺에서 비롯되었다는 설도 있다. 이곳 토박이 주민들은 '고리성산'으로 부르기도 하며, 정상을 이룬 바위가 감투처럼 생겨서 '감투봉'이라고도 부른다.

그동안 환성산은 팔공산의 유명도에 가려 있어 수려한 산세에 비해 널리 알려진 산은 아니었다. 최근 들어 환성산을 찾는 사람이 늘고 있는데, 이것은 '가팔환초' 때문이기도 하다. '가팔환초'는 가산산성~팔공산~환성산~초례봉을 잇는 종주 산행의 약자로, 40㎞을 잇는 이곳 능선의 종주 코스로 부각되었다.

또한 대표적인 기점인 신서동 들목에 지하철 1호선 안심역이 있다. 이렇듯 환성산은 대구나 경산 어느 쪽에서 쉽게 능선에 오를 수 있는 산길이 나 있으며, 주능선의 조망이 시원해 대구 근교 산행지로 갈수록 인기를 끌고 있다.

정상 남쪽 능선에서 가장 백미를 이루는 곳은 낙타봉이다. 3개 암봉이 '뫼 산山'자처럼 솟은 것이 한 폭의 동양화를 보는 듯 아름다운 자태를 뽐낸다. 이 암봉을 측면에서 보면 낙타 등허리를 닮았다 해서 '낙타등봉'이라 부르기도 한다.

낙타봉 남쪽 초례봉醮禮峰도 일품이다. 초례봉 정상에는 바위 두 개가 마주보고 있는데, 두 바위 사이에서 결혼식(초례)을 올리면 아들을 낳는다는 전설이 있다. '초례'라는 산 이름은 옛날 어씨 성을 가진 나무꾼이 이 산에서 선녀를 만나 혼례를 치렀다는 데서, 또는 고려 태조가 후백제 견훤을 맞아 싸울 때 이 산에 올라 필승을 기원하는 제천의식을 올렸다는 설이 전한다.

환성산 산행은 주능선을 경계로 대중교통이 원활한 동구 신서동 기점이 가장 편리하다. 대구지하철로 가장 쉽게 접근할 수 있기 때문이다. 신서동 안심역을 기점으로 신서저수지~초례봉 남서릉으로 가장 많이 산행을 한다.

안심역을 기점으로 신서저수지를 거쳐 초례봉과 낙타봉을 지나 정상에 오르는 산행은 9.5㎞ 거리이며 5시간 정도 걸린다.

매여동은 시내버스를 이용하는 대중교통편이 다소 불편하지만 버스종점까지 2차선 포장도로가 나있어 관광버스와 자가용 진입 및 주차가 가능한 것이 장점이다. 매여동에서는 서당골과 탑상골 사이 능선~초례봉 남서릉, 탑상골~649m봉 서릉~649m봉(초례봉 북쪽)으로 오르는 코스가 대표적이다.

매여동 경북대학교 학습림에서 초례봉과 낙타봉을 거쳐 정상에 오르는 코스는 약 7㎞이며 3시간30분 정도 걸린다. 매여동 종점과 초례봉 정상 사이 넓이 100㏊에 달하는 수림지역은 1995년부터 경북대학교 학습림으로 설정되어 있다. 학습림 내에는 짧은 산책로, 체육시설, 화장실, 전망대, 평상, 벤치 등 시설물들이 조성되어 있다. 학습림에서는 서당골 왼쪽과 탑상골 왼쪽 능선길을 경유해 초례봉과 환성산으로 오르는 등산로가 인기가 있다.

평광동은 샛터 마을버스종점에서 시랑이마을~큰논골을 경유해 한천성령으로 오르는 코스가 대표적이다. 이곳은 종점에서 시랑이마을을 거쳐 시랑저수지 아래 차단기까지 비좁은 1차선 과수원길이다. 자가용 이용 시 주차장소가 거의 없다는 점에 주의해야 한다.

평광동에서 시랑이~큰논골~새미기재~남릉~정상을 잇는 코스는 5.5㎞ 거리이며 2시간40분 정도 걸린다. 평광동은 이름 그대로 들坪이 넓은廣 동네다. 환성산 정상에서 서쪽 문암산門岩山으로 이어지는 능선이 마을 북쪽을 감싸고, 남릉 한천성령에서 남쪽 용암산龍岩山으로 이어지는 능선이 마을 남쪽을 에워싸고 있는 이 마을은 거대한 분지를 이루고 있다.

환성산 북쪽에서는 능성고개에서 능선을 따르는 코스가 대표적이며, 팔공산과 환성산을 잇는 종주 코스이다. 능성재에서 능선을 따라 정상에 이르는 코스는 4㎞이며 3시간 정도 걸린다.

교통

중부권이나 부산권에서 KTX 고속철도를 이용하면 당일산행이 가능하다. 동대구역에서 1호선 지하철을 타고 20분이면 환성산 입구 안심역에 닿는다. 평광동 산입구로 가려면 동대구역에서 800m 이동해 팔공1번 버스를 타면 된다.

볼거리

환성산 자락의 명소는 정상 동쪽 천년고찰 환성사, 정상 서쪽 오지마을인 평광동 전체를 수놓은 사과나무 과수원단지, 초례봉 서쪽 계곡 경북대학교 학습림에 조성된 산림욕장을 꼽을 수 있다. 산림욕장에는 벤치 같은 휴식 시설과 운동기구, 화장실이 설치되어 있다.

환성사는 신라 흥덕왕 10년(835) 심지왕사가 창건했다. 이후 고려 말에 화재로 불탄 것을 조선 인조 13년(1635) 신감대사가 재창했고, 광무 원년(1887)에 항월대사가 중창했다. 정면 5칸에 측면 3칸 규모인 대웅전 건물이 보물 제562호로 지정되어 있다.

1 환성산 낙타봉 능선.

2 환성산 정상.